COSMIC
GARDEN
VISION INFINITY

The Portal to Cosmic Consciousness

珊卓・安・泰勒（Sandra Anne Taylor）著
張志華／詹采妮 譯

顯化之書

（原名：揭密）

TRUTH, TRIUMPH, AND TRANSFORMATION
Sorting out the fact from the fiction in universal law

你的靈魂對你的人生規劃很可能跟你想的不一樣！
吸引力法則，生命週期、靈魂意圖、業力作用……這一切是如何構成你此刻的人生？

吸引力法則在近年儼然成了新時代思想的顯學。然而，大眾對吸引力法則卻普遍存在著誤解與困惑。
本書釐清了淺碟式思考下對吸引力法則的錯誤解釋，幫助你了解生命真相，協助你發現原本就存在於你內在小宇宙的神奇力量——靈魂的力量。

新版序

重讀這本好書，心裡充滿感謝。

謝謝宇宙指引我看到「Quantum Success」，注意到這位作者，也因而有了《量子物理與宇宙法則》和她接續著作的中文版。

我喜歡這位作者的實在和言之有物，探索靈性而又活得踏實，言詞間總不忘靈魂的高善意圖。

從作者的人生體悟和專業經歷，看得出她具有深刻的洞察力，這讓我想到，每個人都有人生經歷，都會發生很多故事，但為什麼有些人能夠從中獲得智慧，突破限制，有些人卻不能？

在人生路上接觸和學習正確觀念非常重要，在越來越紛亂和網路發達的世界更是如此。現在是虛假訊息和似是而非的觀念猖獗的時代，偏差和偏激的觀念猶如毒素，有些毒素像迷幻藥，使你活在虛幻假相，使你離與生俱來的真實力量越來越遠。有些毒素灌輸的扭曲方式或會讓人在世俗層面獲得短暫成功，但那只是一時，而且就靈魂層面而言是失敗的，這樣的失衡能量也勢必將引領你再來世上挑戰和學習需學的課題。

觀點正確的好書是心靈的寶藏。如果你是個不喜人云亦云，不願盲從大眾主流思想的靈魂，也或許你一直覺得身心靈圈充斥著虛幻之詞與言行，那麼這本好書將協助你找回自己的力量，顯化出你想要的人生，你也會因為瞭解了吸引力法則的謊言與真相而活得更自由、更自在。因為，真相使人自由。

閱讀豐收

二〇二一年二月

園丁

園丁的話

對這幾年來很熱門的吸引力法則話題，我在《量子物理與宇宙法則》的園丁的話表達過我的看法。

如果我們不從根本去正確認識宇宙的法則，去瞭解並尊重萬事萬物的相連本質，體認平靜的心靈、感恩和愛，才是吸引力法則要帶領我們去追尋的那個聖杯，誠如本書作者所說，到頭來，吸引力法則也只成了折磨人，令人失望的工具。因為那畢竟只是淺碟式思考下所解釋的原理。

其實不僅是吸引力法則被過度簡化和膚淺化，不少跟心靈領域有關的事，這幾年被誤導，甚至被動機不純人士拿來當作個人斂財工具的情形一直存在。

本書所指的「謊言」不是一般的刻意欺騙，而是泛指相對於真相的不實陳述。基本上，因片面而非全面性的理解，也就是一知半解、斷章取義所導致的錯誤詮釋與認知，以及貶低個體價值的傷害用語都包含在內。

這本書恰恰說出了我對吸引力法則的一貫想法，引介給各位。

目次

獻給我的摯友派特·黛維森（Pat Davidson），
她的尊嚴、優雅與勇氣，
將永遠在我靈魂深處低語著力量。

作者序

朋友頌

「人不只是活著而已，他一直在決定他會是怎樣的存在，以及他下一刻的身分。」

——維克多・弗蘭克[1]

八〇年代初期，我接觸到量子物理學的原理，這個主題成了我生命中最熱愛的學問和指引方向的力量。作為一名私人開業的心理諮商師，我教導個案如何將這些概念應用在他們的親身經歷，改變他們的意識與振動，以便創造出更幸福的人生。我當時相信——現在仍是如此——運用這些原理使我得到至今所經驗過的最能賦予我力量的洞見。

然而，對於何謂吸引力法則，以及它們究竟如何運作，近幾年出現不少混淆和困惑。過度簡化和唯物的觀點大肆流行，引發了迫切、恐懼和自責的反衝力。大家對能量普遍抱持一種非此即彼的態度，以致不知如何理解或詮釋所經歷的困境。人們愛挑自己毛病，而這是一種極度不健康的反應。不幸的是，這只會讓他們陷進更深的負面情緒。

這個反應使我興起最初撰寫此書的想法：協助你們把這些法則視為能賦予力量的工具，而不

1 譯注：Viktor Frankl，一九〇五～一九九七，奧地利神經學家、精神病學家、猶太人大屠殺倖存者。

是你必須服從，否則便會受罰的死板要求。我熱愛這些原理，不想看到任何人把它們當成了另一種折磨自己的東西。

而這正是發生在我的好友派特．黛維森身上的事；我把這本書獻給她。事實上，她是啟動這一切靈感的來源。

大約三年前，派特被診斷患有肌萎縮性脊髓側索硬化症（ＡＬＳ），這是一種逐步惡化的疾病（譯注：亦被稱作葛雷克氏症或漸凍人），它會使人喪失肌肉功能，最後全身癱瘓。派特和她的許多親友讀過不少吸引力法則的書，因此他們開始分析她如何「吸引到」這種疾病，她又是做了什麼把它招惹上身。

我個人並不認為她的想法創造出這場磨難，雖然在她生命中曾有過許多恐懼，但那是很久以前的事了，她已安然度過，而且數十年來一直過著快樂、有意義的生活。此外，派特後來得知，在她被確定診斷為葛雷克氏症的當時，她居住的小鎮就有六個人也罹患這種十分罕見的疾病。這個統計數字大幅超出全國的平均值，因此我懷疑是不是某種環境問題在作祟。友人甘蒂絲．珀特（Candace Pert）是位傑出科學家，她便認為我們今日所見的許多疾病與環境因素有關。

在發病初期，派特老是責怪自己患病；而隨著日子一天天過去，她也怨自己沒能扭轉情況。她認為，如果她無法用思想創造奇蹟，那她一定是哪裡不對；因此她拼命觀想，想著自己正在康復，而且一直抱持正面積極的態度。

然而，最後這部分她做得太極端了。隨著病情的加劇，她甚至認為不該談論自己的感受。如果她告訴別人她累了或肌肉更無力了，她會因為談話如此負面而感到愧疚。

顯然有人告誡過她，如果她想好起來，她就絕對不能承認自己感覺不適。

我知道這是來自周遭親朋好友的善意指導，他們決心盡一切努力使她痊癒——但這要求對她來說太嚴厲了。無論如何，派特後來意識到了尊重自己的重要，她有了新的理解，而這個理解幫助了她放下羞愧，並誠實表達她的情緒和體驗。她的親友也對她的需求和幸福提供堅定不移的支持與奉獻。他們的付出對她是一種鼓舞，就像她對他們的愛與感激也同樣激勵了他們一樣。事實上，她把全部的意識轉移到愛與感謝，而且她也能完全地釋除內疚和自我批判。

派特和我就這些問題聊了很多，也正是這些討論啟發了我寫這本書的想法。我實在不想其他經歷如此創痛的人，還要用內疚與自責來加重自己的苦難。若是能用一種平衡的理解去應用這些法則，並且放下極端的做法，絕對會好上許多。

這就是本書第一部要探討的——大眾對吸引力法則的常見誤解。這些微妙處或許隱約、不易察覺，但如果你想在經歷各類經驗後依舊保有力量，瞭解它們就十分重要。由於吸引力法則在過去幾年的超高人氣，我想你對它們應該不陌生。數不清的作者也已經寫了各式各樣的書籍來談論吸引力概念的多種不同面向。

然而，我想說的是，這本書並不是要駁斥其他作者的任何理論。我寫出來只是為了回應我朋友的經驗——以及我收到的許許多多要求闡明吸引力法則的電子郵件。

減少大眾對這個法則非此即彼的反應，並為生命裡的一切過程——包括顯化與吸引力的應用——帶進清晰、平靜與平衡，是我寫這本書的真誠意圖。

本書第二部旨在探討影響命運創造的諸多因素。這也是我和派特常有的討論。假使她的病不是因某個特定的想法或念頭所引起，那麼原因會是什麼？任何因素都可能造成影響，一一探討這些因素會很有啟發性。

這就是我寫這本書的第二個用意——檢驗吸引力與顯化法則的**所有**要素，然後看看我們可以怎麼運用意識的力量一一處理。比方說，當我們開始瞭解靈魂在此生的較高意圖，我們就能學習如何使自己的目標與靈魂的目標一致，並在過程中創造出更大的滿足與更高的成就。

同樣地，當我們退一步觀察生命的自然循環——例如轉化、死亡與重生——我們可以學習如何在時間的推移中，讓這次的生命經驗為我們永恆的進化帶來難以估量的成長與啟迪。當我們得以一窺業力與它能量上的源頭，我們就能打破老舊模式，為今生與來世創造嶄新且積極的方向。

除了個人意識、能量振動和意圖等個人層面的因素，前述這些都會影響我們的經驗，因此都必須被考慮。沒錯，前三者是自我實現與創造命運的起點，但我們必須透過永恆及個人實相的真相去瞭解它們。這也是本書第三部的內容——建立起一個能反映我們永恆價值與珍貴力量的內在實相。

在所有個人因素當中，又以我們的**意識**最為重要；我們對瞭解意識和引導意識所做的努力，甚至能將最具挑戰性的逆境轉變成美妙的祝福。但這個意識必須是以力量的真正源頭為中心，而不是恐懼和充滿限制的謊言。

意識是我們生命力振動的起點，在個人方面來說，它也是創造的核心。透過建立一個以永恆真理為基礎的意識，我們就能更容易地影響生活裡內在與外在的因素。

你在書裡會不斷看到一個「心靈解答」的區塊。它的用意是為討論過的議題提供建議和技巧。與其只是閱讀這些想法，你不如付諸行動。本書的主旨是為你的所有選項發展出較高的意識，看看這個賦予你力量的生命力會把你帶到哪裡。因此，想想什麼是來自你內心和靈魂的回應（所以我將Solution拼成*Soulution*）！這個更高的觀點或許正是你所需要的改變。

也因此，你會發現書裡有許多對日誌的建議，包括問題與方向。寫日誌能夠使你的思緒清明，帶引你前往未知，所以請不要少掉了這個寫日誌的過程；我從年輕就開始寫，它確實是一種達成個人進化的工具。

我寫這本書的第三個用意是鼓勵你**不要**放棄——無論是追求夢想，或是擁抱當下的美好與力量。吸引力法則的作用非常強大，你可以啟動它們，創造出驚人的當下體驗與未來的偉大成果。

或許這個法則會令你感到挫敗，而如果你渴望的事沒有立竿見影的成效，你大概會很想把**意識創造實相**的整個概念都扔掉。但是，這個法則重要到你不能不予理會。關鍵是在於**瞭解**它，並且付出你的**耐心**與**毅力**。你在生命的過程中橫豎都將往前邁進，所以，最好還是運用意識的力量去指揮生命的進展吧！事實上，或許你這輩子就是要引領自己做出這個重要的決定。

成就並不只是來自專注在你想要的事物而所獲的成果，它更是來自專注於你的人生。我常這麼說：在你的人生路上保持進步的意圖是非常重要的終生目標，因為它能帶著你的特定目的勇往直前。

所以，請不要放棄使用這些宇宙法則！即使是現在，你的生活也有些法則正在運作。我在第五章和第十二章分別為每個法則做了概述，但你如果想要更多資訊，我在《量子物理與宇宙法則：量子成功的科學》對它們有更全面的探討。無論你做什麼，都請不要用美妙的能量與顯化法則來挑自己毛病。相反地，要透過每一次的經驗去愛自己——並且知道，當你這麼做的時候，宇宙將會聆聽。

這本書的原著封面是一池蓮葉與含苞待放的蓮花。長久以來，蓮花在東方哲學一直被用作象徵，意味著祝福也可以來自困境。清麗的花朵自淤泥的黑暗深處綻放；這是對意識所具有的創造力量的貼切隱喻。在困境的深淵，我們可以為新的開始撒下種子，然後發現美好的成果正準備綻放。

意識是生命的本質，是一切創造的核心。你知道的越多，越是能運用意識來突破困境，並創造出驚人的效益。當你找到了決定你命運的所有因素，你就能在每個因素裡發揮意識的力量。而這一刻，就是開啟那扇門的鑰匙。當你知道了真相，與真理同行，你就能轉化你的人生，並覺察到那意想不到的祝福和喜悅。

第一部
吸引力的謊言

發現自己活在不確定的時代算不上詛咒。
在追求真理時，人們多少懷有幾分崇敬，
即使是在找到最初的一丁點兒真理之前。

——狄帕克．喬布拉[1]

1 譯注：Deepak Chopra，一九四六～，出生於印度，後移民美國，是主張身心調和的醫學博士暨身心靈領域的暢銷作家。

第一章 吸引力恐懼症

「恐懼是迷信的主要來源，也是殘酷的主要源由之一。征服恐懼就是智慧的開端。」

——伯特蘭・羅素 2

宇宙有著無法被否認的力量，相信它們可以被隨心所欲地控制和指揮的想法很令人著迷。我們的生命力振動著廣大的影響力是不爭的事實。意識的確能創造實相，而能量會擴展，並產生真實且深遠的結果。

雖然科學界探究了這些原理，但在我們個人能量的處理及宇宙本身的運作上，仍然有許多我們需要了解的地方。諸如**意識創造實相**這樣的真相是人類經驗的基礎原理，儘管這些概念錯綜複雜，它們能夠賦予我們力量並提供許多方案，協助我們以健康與自我實現的方式去面對人生。當我們把覺知帶進日常生活的體驗裡，我們不僅能更快樂，也能應對人生道路上的所有困頓與喜悅。

然而，人們對顯化與吸引力法則的運作過程有著許多誤解。我稱它們為吸引力的**謊言**，但稱為對吸引力法則**半真半假**、**似是而非**的描述可能更正確。我在接下來的幾章所討論的規則都有真相做基礎，但當它們被帶到極端，就失去了完整和真實性，並因此導致嚴重的問題。

譬如說，意識創造實相的理論揭露出你的心理和情緒會影響你的命運創造。在聽聞了各式各樣「想法創造實相」的概念後，你可能會很在意你的想法，甚至到了一種偏執的程度——卻從沒意識到這樣的偏執實際上是讓事情變得更糟。而這個偏執的現象已經普遍到我們現在就必須提出澄清。

吸引力的謊言

如果你希望好事發生在你身上，你就絕不能讓自己有負面想法。

真正的真相

是人就會有負面想法。你當然不想因此不安，但也不要害怕或是去批判它們。有一個更強大的吸引力能量，那就是放下負面想法、繼續前行；不要把事情看得太嚴重。

你會批判自己的負面性嗎？擔心待在憂心忡忡的人身邊嗎？害怕自己的恐懼嗎？這樣的反應已經蔓延到猖獗的程度了，我稱它為**吸引力恐懼症**，它是以「好事只會發生在**一直**正面思考的人

2 譯注：Bertrand Russell，一八七二～一九七〇，英國哲學家、數學家、邏輯學家暨和平主義者。羅素於一九五〇年獲得諾貝爾文學獎。

身上」的信念為基礎。但這個說法頗令人傻眼，因為，害怕有負面想法的本身，就是一種負面想法！

我有個朋友最近在公司突然被惡意對待和操弄，因為有人想藉此以別人頂替她的位置。她決定放鬆心情，為自己約了按摩。她的按摩治療師一向很支持她，最近卻沉浸在某些偏激的吸引力觀點裡，因此變得對任何的「負面」想法都很批判。然而，記得這點很重要：表達我們的情緒反應，特別是跟人生困境有關的情緒，是讓我們身心健康的過程。

我的朋友才剛開完會，在會議裡她飽受抨擊，很自然地，她需要宣洩情緒。她覺得按摩室是個可以提供支持的環境——在按摩的過程中，她不但能說出自己的想法，還能釋放身體裡的負面能量。此外，治療師是她多年的閨中密友，經常對具有挑戰性的情勢提出明智建言。

在朋友敘述了一些剛發生的事後，按摩治療師突然制止她：「好吧！如果你一直要抱怨下去，你永遠都不會吸引到別的東西。」友人解釋，這些情緒還沒處理，她只是試著把它們說出來，想瞭解究竟是怎麼回事。但按摩師變得很有敵意和主觀。她告訴友人，她不該再談論她的難題，並且堅持接下來的按摩都不要說話。

這種缺乏彈性、非黑即白的心態，已經成了一種十分常見又極不健康的反應。它不只是過度簡化了吸引力法則，而且還不切實際。這樣的反應既不容許我們流露人性，也不鼓勵我們以健康的方式處理事情。

現實人生充滿了變化，我們必須誠實而不是只是表面或膚淺地應付。人們有時會是刻薄和殘酷的，如果他們這麼對你，你會有所反應。而你是想擱置這個反應，然後活在能量不滅的狀態裡？還是釋放情緒並解決問題？當然，如果你持續受到相同的對待，你就確實需要探究你是如何對待自己，以及如何跟自己說話。這才是真正重要的思考方式。

想法才是重點——是嗎？

我喜歡把某些負面想法視為風中的雲朵。它們可能飄進飄出，不必太把它們當一回事。而如果你跟我，跟每個人一樣，那麼人生有時就真像是烏雲罩頂。當某件棘手的事引發許多負面想法時，那就是你必須處理的徵兆了——不是忽略它，不是否認它，也絕對不是害怕。

假使你向來樂觀開朗，有時輕微的負面想法也會掠過腦海，但它們在你的生活裡不會有太大的力量。若是慣性或長期的懷疑、憤怒與自我批判，這些模式就有必要被扭轉了。那種帶著頻率和強度反覆出現的想法正是在試著告訴你：你有需要注意的問題。

舉個例，如果你**老是**說：「外頭沒有好人。」你需要知道，這種持續的預期就會替你創造出那樣的經驗。它也會使你的能量充斥著無望感——而這肯定不是你想承載的情緒內容。

是的，你的每個念頭和感覺確實會創造出某種能量——即使只是片刻的開心或瞬間的焦慮。但如果你的確閃過一絲恐懼，這是否就意味著你害怕的某件事將顯化成真？未必。但它確實指出負面想法通常會進入你的意識，產生躁動的雲朵，而這朵雲的消或長則是取決於你對它的態度。宣洩情緒事實上可以使它消散，否認卻會令它停滯不去。

一直重複的特定想法——像是恐懼或感恩——累積在你的共振，決定了你日常生活的品質。因此，轉瞬即逝的想法不見得會是問題，需要改變的是活在恐懼和批判的持續意識裡，因為那是導致你所有不幸的真正源由。改變一再出現的負面模式會因此轉化生命中的情緒品質，並為你的生命力能量帶來創造幸福的核心。

我們都是凡夫俗子，我們都有看似突如其來的疑惑與擔憂。有些可以就這麼放下，有些卻似乎揮之不去。正如我們將在第三部探討的，我們已經學會忍受的大多數恐懼與批判，並不是我們的真相。我們有責任為正面感知建立一個嶄新的基礎，而這當然不包括不斷地煩憂苦惱。

心靈解答

覺察自己的想法，但也要對自己慈悲。放下那瞬間的怒火，培養你對個人問題的真實覺察。如果你注意到持續的負面思想模式，請探究並找出錯誤訊息的源頭。假以時日，你就能改變並建立起越來越健康的心理習性。

你不必擔心所說所想的每一件事。請記住，宇宙最有反應的是你對自己的核心信念。自愛與自信的思想具有不可抗拒的磁性，它們非常值得你的關注！

文字遊戲

隨時都要正面思考的執迷已經變得太偏激，甚至出現了我們應該要怎麼說的規定。事實上，你可能已經聽過千萬不要用「**想要**」這個字的警告。意思是，它會使你專注在你尚未達成目標的事實上。譬如，假使你說「我想要一個伴侶」，這樣的說法只會讓你意識到你還沒有個伴。這個理論因此鼓勵你說，「我有一個很棒的伴侶」，而且要持續重複這麼說直到它成為事實為止。

但就吸引力法則而言，你說什麼或你怎麼說，並不是最重要的問題；真正重要的是你的整體生命力，也就是根植於你的信念系統的意識。

如果你正在尋找一段新戀情，它並不會取決於你是不是用「想要」或「有」這些字；它是在於你如何認知和看待自己。你可以告訴自己你有段新戀情，也可以在你的藏寶圖上貼照片，然後用蠟燭和粉晶改善臥室風水；但你如果帶著自我厭惡的感覺照鏡子，那你的運勢肯定不會好。若非什麼都沒發生，就是你會吸引到一個討厭的伴——就像你不喜歡的自己一樣。重點並不在你的用字遣詞，而是你要真正的**愛自己和關心自己**。想要個伴並沒有不對，只要你先**想要**（並且真的）**愛自己**。

吸引力的謊言

如果你希望好事發生在自己身上，你就必須使用正確的措詞，並留意你說的每一個字。

真正的真相

當你真誠地生活，並始終以愛和尊重對待自己和他人時，你用什麼字就不重要了。

執迷於文字措詞已經成了另一件讓你折磨自己的事，而這絕不是想吸引好事上門的理想能量。有些人也說，「希望」這個字跟「想要」一樣，只會讓你把焦點放在某件你沒有的事上。但是，我們必須瞭解潛意識心智的力量。因為潛意識知道你擁有什麼，沒有什麼。你當然可以使用「有」這個字，但請不要放棄「希望」。如果你拒絕在心裡懷抱希望，它會戲劇性地轉變你未來的能量和態度——而且不是以一種好的方式。

希望是人類經驗裡的重要元素。如果我們怎麼也不讓自己去想像更美好的事物，那還有什麼好努力的呢？有些人說「希望」這個字暗示了缺乏，可是當我聽到時，我感受到的是樂觀與未來潛力無窮的感覺。

希望驅動了人們創造偉大的發明與發現。它能療癒、更新，並提供動機和情感寄託。事實上，沒有希望的生活會導致沮喪、放棄、無奈和漫無目標的感受。希望是幸福的關鍵要素；擁有某個可以期待的事物，激發出人們的力量與熱情。

不論處在順境或逆境，真誠的懷抱希望都是促使我們成長和改變的動機裡不可缺少的要素和一股生氣蓬勃的力量。它是我們追求個人覺察與自我控制的核心。畢竟，如果我們不希望創造出一個更健康快樂的人生，我們又何必改善自己？而這個概念也是我們為他人、為知識、為環境，為每一個值得的理由努力的核心。

因此，我們應該讓這個字具有的樂觀能量成為日常生活的一部分，而不是把它從我們使用的字彙裡刪除。

我對我的孩子、對這個星球、對我們的物種，以及所有種族與文化間的和諧懷抱著希望。我，就是一個永不停止希望的人。

心靈解答

為你所擁有的，心懷滿足與感謝，對未來則永遠抱持希望。你會發現晨起時心情更愉悅，夜裡則較易安眠。

請嘗試以下的肯定語，並去感受它的意義與能量提升了你：我既快樂又充滿希望，我心懷感恩並受到祝福。我的人生充滿平靜、感激和喜悅的期待。

怪異的吸引力忠告……這是真的嗎?!

我收到來自世界各地的電子郵件和電話，告訴我他們的吸引力故事。最近幾年我也接到許多要求，希望我能回應他們得到的某些怪怪的吸引力忠告；他們想聽聽另一種意見。以下的故事和建議，只是我聽到的真實——但實在令人難以置信——的故事的一小部分。

瘋狂的蔬菜見解

營養師告訴一名患有重病的女子，她應該要多吃比較健康的食物，尤其是花椰菜。可是她的「吸引力教練」卻說，如果她知道自己是因為生病才吃蔬菜，這樣反而對她不好，甚至還可能讓病情惡化！

這個說法是基於恐懼和宿命論，而且十分愚昧。她的教練不但沒有把她在食物方面的新選擇視為她尋求健康的自我實踐，反而還把它變成了負面的事。

把這個當成選項如何？為自己在自我實踐的新選擇感到驕傲。吃花椰菜、多喝水，然後做其他能滋養你，協助你掌握自我療癒的事。當你這麼做時，請肯定地說：我為我的飲食及行為做出健康的選擇。我體內的每個細胞，都被神聖意識的活力與健康所祝福。

說到疾病……

我有個朋友身體出了許多問題，她的家庭醫師診斷不出原因。當她去看專科醫師時，另一位讀過一些吸引力法則書籍的友人警告她，對新醫生描述症狀時不要講得太仔細。他說這表示她放太多的心思在負面事情上。這位友人竟然在建議她不要對試圖診斷她的醫生透露所有資料！

她還被告知要停止在肯定語裡使用「療癒」這個字，因為這表示她把焦點放在生病上頭。然而，在我看來，康復是件好事——遠比無法康復來得好。

無論我們是在療癒自己、我們的關係、我們的身體，或是我們的星球，把愛帶到有痛苦的地方，把光帶到黑暗的地方，永遠都是美好的意圖。療癒——和更高的意圖——就是這麼回事，因此千萬不要害怕療癒這個字或療癒的過程本身。

如果你正有些身體上的問題，而有人建議你「不要接受治療，只要運用思想」時，請務必三思。你的意識當然能促成奇蹟般的療癒，你也應該永遠把它視為你最有力的工具之一。但請不要排除寶貴的醫療與另類的方法。做主的人是**你**——運用你的世界所提供給你的一切資源吧！

恐懼肥胖

最近我聽到一個觀點頗偏激的事。這名女子說她想保持苗條身材，因此從不讓自己去看身材肥胖的人。她必然是相信，即使只是看到體重過重者的影像，都可能導致她自己變得肥胖。

在我認為，這個觀點不但可怕，而且不健康，令人不知從何說起。首先，它剝奪了你的力量，因為它讓別人的影像比你自己做出健康選擇的能力還要強大。記得，你必須取得你在自己人生中的力量，無論是關於飲食、金錢，或其他任何方面。其次，這個觀點透露出一種極具批判性的心態，顯示他人的外表比他們的性格、正直與個人價值更重要。這樣的態度必然會使這名女子在獲得支持、建議，甚至幸福和樂趣的資源上受到嚴重限制。

許多人可能體重過重，但他們在許多方面，包括他們的友誼、愛和提供的指導是美好且珍貴的。我自己就寧願跟有愛心、真誠並賦予自己力量的過重者，而不是跟憂心忡忡、好批判，又願意交出自己力量的瘦子相處。

要保重還是不保重

大約一年前，我被勸誡在道別時千萬別跟人說「保重」兩字。我猜此人認為這是一種負面聲明；暗示著必須小心，因為天有不測風雲。然而，這句話的意義——與能量——是取決於說的人，而我想有些人確實是把它當成了一種警告。

說真的，我從沒認為「保重」這句致意的話會是負面的。事實上，恰恰相反。我用它來結束電話交談，而且多年來我都對個案們這麼說。對我而言，這是溫和地提醒對方看重並照顧自身的需求。畢竟，我們難道不該隨時照顧自己嗎？只要說的時候充滿了愛，它就是美好的建議。

謹言慎行

有位個案曾經告訴我，她覺得她好像把全部的時間都花在替自己的想法「排解疑難」上，她總愛分析它們是正面還是負面屬性，而當想法走偏（無法控制自己正面思考），她便心煩意亂。她告訴我，她先生動不動就批評她，可是她不想談論她的憤怒。她說：「我知道言語會創造能量，如果我說我有怨氣，那只會讓怨氣增加。」

她也想解決更年期的體重問題。當她告訴我「我已經胖了十五磅」時，她補充，她並不想大聲說出來。我問她為什麼，她說這只是在承認一件負面的事。

然而，要處理上述兩種情況，就需要從事實著手。畢竟，如果不先讓自己認出問題，又要如何解決？是的，言語確實會創造能量，可是對它們恐懼也一樣會產生能量。

生活是實際的，棘手的事難免發生。如果你拒絕坦率、誠實地談論你的經驗，你將只是活在否認裡，這反而會讓問題持續，使你的能量帶著未解決狀況的共振。

處理或不處理

由於對負面想法感到恐慌的情形不斷增加，上述和其它許許多多的故事引起了我的注意。不少人似乎對於想法負面或甚至感受不好，都到了無法容忍的程度。一位個案最近就告訴我：「我花了很多時間試著讓自己『感覺良好』，我甚至認不出自己真正的想法，或是對任何事的感覺了。」

然而，人生常常是辛苦的，在未來某個時間點，你終究必須面對自己的傷痛、失落或挫敗。因此，不要被這些糟透了的感受嚇到。負面和正面情緒都是人類經驗的一部分。當問題出現，即使它們令人不悅，也必須加以處理。

否認困境不會使問題消失，也無法淨化它的能量；否認只會把振動深深埋進你的意識，並告訴宇宙，你不願意優先處理自己和生活裡的問題。健康的做法是面對問題，抒發你的感受，並處理它帶來的挑戰。

吸引力的謊言

如果你希望好事發生，你就不該談論任何不好的事——或甚至讓自己有絲毫不愉快的感受。

真正的真相

透過面對和處理過去的經歷，你賦予了自己力量。

你可以透過抒發情緒來淨化能量，你決定什麼榮耀你，並釋放那些無法榮耀你的事物和想法，然後繼續前進。

這一點非常重要：如果你正經歷令人不舒服的事，解決的方式不是避而不談——而是敞開心，說出來。無論是新的委屈或是舊的創傷，你的能量會被你生活裡的事件所強化。如果你從不宣洩過去的痛，甚至是跟目前困境有關的情緒，你就不可能改變你對那些經歷的想法。

拒絕處理人生的變化無常，會使你覺得自己越來越像個受害者。然而，當你採取行動去解決事情，並且誠實表達你正在體驗的情緒時，你就能取回你的力量。

當你遇到狀況——不論是有人撞到你的車，或是經歷像失戀或失業這種人生的變化——感到憤怒、恐懼和懷疑都是正常的。如果情緒不被表達，它們會停留在你的個人能量場並影響你的生命力振動。這個沒有解決的不安能量會一直持續，然後變成你的特徵共振的一部分。但當你終於能夠承認你真正的感受並得出新結論時，你就能將它釋放。

我常將這種現象比作史奴比卡通裡的人物乒乓。無論去到哪兒，乒乓周圍總是帶著一坨灰塵。這跟你被壓抑的情緒能量是類似的現象。你可能拒絕去說、去感覺，甚至去想任何負面的事，但如果你的能量場裡有未完成、未表達的東西在打轉，人們會接收到；而跟那個振動共振的情況就會被吸引來。因此，抒發自己的情緒是非常重要的。

表達你的感受，並探究是哪些錯誤或不榮譽的想法使得你一直遇到困境。

心靈解答

解決這些負面之道的方法就是**平衡**。你必須表達你更深層的感受，並打斷自我譴責的想法。你最不該做的，就是為了不愉快的情緒或思想攻擊自己——這只會讓你陷入更深的負面情緒。

另一方面，你也確實得留意並改變重複出現的負面想法，尤其是自我批評和絕望的感受。平衡是關鍵所在。誠實表達你的感受。將你長久以來的錯誤假設改變成能夠支持你活在自愛與真實力量的說法。榮耀你在這個過程中的每一步。

阿曼達的歷程

阿曼達因為感情生活不如意來找我。她漂亮、隨和，又有幽默感，但多年來她總吸引到喜歡批評或是有家室的人。她想找出原因並轉變她的吸引力。一開始，她以為我會給她幾句肯定語，幫她找到人生的藏寶圖。她認為這樣就能造成改變。她錯了。

當我最初問到阿曼達的童年，她告訴我她不想談。她說父母親提供了她一切所需，兩人既非酒鬼，也不使用暴力。因此，她不明白她的過去怎麼會跟她現在的情感經驗有關。

我請她配合，她於是從善如流，開始說起童年。她的父母親住在一個中產階級社區，他們有愛心又勤奮工作。對於生命中什麼是重要的，以及什麼使得女性有價值，他們有非常特定的信念。他們有許多立意良善卻會誤導的不正確觀念，其中之一就是告訴阿曼達，沒有丈夫，她絕不可能安全；沒有家庭，她就絕不可能幸福。此外，阿曼達有個充滿恐懼的祖母，而在對愛情、人生與自我價值的理解上，阿曼達也受到許多限制。

聆聽阿曼達的過去，我意識到從來沒有人為她展現過無條件的愛。她被身邊人的恐懼和價值觀所引導，她把對愛情的期待和個人的完美綁在一塊兒。她向我吐露，有好幾次當伴侶離開，她懷疑自己究竟有什麼問題——為什麼她不能讓他們留下來。

儘管她從不認為她的過去，她的童年劇碼對她造成的深刻影響使得她歸納出某些嚴重的負面結論，導致她的生命力一直被自我否定，但在內心深處，阿曼達卻認為自己不值得被愛，她被教導她唯一的價值是來自情感關係，她的內心充滿了矛盾，因為她相信她必須完美才會得到認可；而她必須能被他人認可才是有價值的。

阿曼達這輩子心裡都是這麼感覺，但她以前不瞭解，也不曾把這些情緒聯想在一起。現在她知道要改變什麼了：她對自己的負面觀點，以及她預期自己會被拋棄的下意識想法。

明瞭根源後，阿曼達終於願意放下源自過去的錯誤假設，開始活出她無條件的價值和值得被愛的真相。為了做到這點，我們設定了以下三個步驟：

1. **抒發未被表達的情緒與能量**。阿曼達從未處理「有條件的認可」所帶給她的痛苦和困惑。她的父母在許多方面一直很有愛心，因此她甚至沒有意識到自己對於與生俱來的價值在她還是孩子時就被極度貶低而氣憤。如今她明白，緊抓著那股能量導致成年的她過份努力和自我批判。為了釋放負面感受，她開始在日誌裡對母親、父親和祖母寫了許多信。她從沒打算寄出，這樣她才能毫不害怕地誠實宣洩所有感受。

當她開始以這種未經修飾的方式書寫往事，她驚訝地發現，許多她多年來不曾想起的舊記憶逐漸浮現。她從來沒有覺察到自己一直在忍受這些痛苦、困惑與負面的能量；也沒有想到這些感受會讓現在三十多歲的她有這麼強烈的反應。但她在情緒浮現時誠實表達，也因此能夠繼續進行過程中的第二個步驟：釐清她因為這個微妙卻極具影響力的錯誤訊息所形成的錯誤信念。

2. **認出並打斷因此產生的錯誤假設**。阿曼達家人的有條件認可，使得她相信某些可怕的謊言。她的父母沒能教導她尊重自我的真理，她也一直活在由父母錯誤的價值觀和老式刻板觀念所塑造出的結論。

儘管她過去不曾想過這些，但現在，她領會到她的一生是以謊言——她必須努力奮鬥、從外界尋求價值的童年假設——為基礎。她一直成功地戴上能讓她容易運作的面具；但面具也掩蓋了負面情緒的暗流，包括沒有價值感、能力不足和情緒上的不安。她的想法一直充滿了自我譴責和害怕被拒絕的恐懼，而現在是前進的時候了。

阿曼達把負面推論一個個列出來，辨認出它們只不過是不健康的慣性思考，而且根本不是事實。

這份清單包括了這類的信念：「這個世界是受限的，我也是。」「我一定是出了什麼問題。」「一定要有男人愛我，我才有價值——可是我沒有任何價值，又不值得被愛。」

起初她對這些想法感到訝異，因為它們和她多年來呈現在眾人眼前的隨和與樂天假象完全相反。原來，她一直活在兩個謊言裡：一個是她不配，一個是假裝自己毫無感覺。

當她察覺到這些錯誤的認知，她終於可以把它們放下。她繼續抒發感受、辨認負面認知、釋放不健康的情緒和不正確的想法，並在繼續前進的過程中加進第三個步驟。

3. **建立並整合出一套以愛自己和真相為基礎的健康、嶄新的信念系統。**阿曼達的想法充滿了自我譴責，她必須有一套能代表她的真相的新說法。原本的她就值得被愛。她值得擁有一段對方全心投入、關懷體貼和有未來的戀情。即使有瑕疵她也是完美的；她值得被自己和他人認可並被優先考慮。

起先這些想法對她來說相當陌生，因此我們必須用她的潛意識心智可以接受的方式，幫助她打開心房，接納這些真理。她開始進行這類的肯定語練習：「我現在開始認識自己的珍貴價值。」「我原本就是完整和圓滿的。」「我值得被自己優先考慮，我也期待別人如此。」「我值得被愛，也理應愛自己。」「這個世界沒有限制，我也是。」透過這樣的方式，阿曼達得以使老舊、有害的能量離開她的生命力振動，並投射出更有吸引力的純淨和自愛的能量。在改變她舊結論的同時，她也繼續抒發隱藏多年的憤怒與傷痛。

她非常積極地努力活出她的價值和無條件的真相，並做出關愛自己的選擇來支持她的新領悟。她煥然一新的心態為她帶來許多快樂，她終於知道什麼叫幸福。不令人意外的是，她為自己創造快樂的決定，最後為她吸引到一個真心愛她且願意相守的好男人。

當必須對抗想法時

這就是改變想法勢在必行的時候了。當你察覺到你在批判或譴責自己，那就是一面警示你必須改變想法的旗幟。改變自我否定的持續模式，遠比擔心那些轉瞬即逝的負面想法，或自己是不是用「希望」、「想要」之類的字而不是「相信」的這些事，要來得重要多了。

你的自我認知和對自己的愛會帶來能量上的和諧，並引導你的生命力前行。這個真相不僅決定你的生活品質，也會影響你的夢想與渴望的實現。

不要執著於你的「吸引力語言」。最重要的語言就是**愛自己**。如果你一直使用無法榮耀自己的字句，那麼你確實需要改變這點。當你認出被教導的舊謊言的表達方式——像是「我是失敗者」、「我不配」、「我不相信自己」這種句子，請做個深呼吸，然後肯定地說：「**我釋放它。**」「**我祝福自己，我活在我永恆價值的美好與真相裡。**」「**我是自由的。**」「**我值得，而且我本來就充滿價值。**」

吸引力的力量有很大部分是來自你內心的平靜，因此不要對每個負面反應感到恐慌。既然不經意的念頭無法搞砸或破壞什麼，那就別讓自己瘋狂地審查所想、所說的每個字。當你認出恐懼或自我批判的重複模式時，只要把它當成最優先處理的事項，然後改變這種習慣即可。

為自己的心帶進療癒、信任和愛，你的生命力將被傑出能量點燃。

當你對意識創造實相有了最深刻的瞭解，你會知道，是你瀰漫的平靜和溫柔的關愛自己，使你的人生富有磁性。所有的吸引力都是以這個真相為起點：你值得被自己所愛。

第二章

責怪的遊戲

「經驗指的不是一個人遭遇了什麼事，而是一個人如何處理他所遭遇的事。」

——赫胥黎（Aldous Huxley）[1]

運用意識的力量可以改變人生。它會在困頓時給你力量，在悲傷時給你慰藉，並給你方法去處理任何可能發生的事。當你瞭解了意識的力量，祝福的可能性是無盡的，可是當你一心一意專注在吸引力的運作時，你也可能會遭逢不幸。當你盡一切努力在創造美好，可怕的事依然發生，這會是什麼原因？

遇到困難總覺得該責怪自己是令人遺憾的反應。這個普遍的錯誤反應，讓人又困惑又自責。你最後可能會看著生活裡的所有問題，想著，這一切都是我自找的，但這個詮釋對你的吸引力運作完全沒有幫助，而且是適得其反。你或許有必要做出某些個人改變——檢視生命裡的能量永遠是有益的——但你所遭遇的種種事件也受到許多其他因素的影響。

吸引力的謊言

如果你或你的家人遇上不好的事，那肯定是你的錯。

真正的真相

許多因素都會影響你的經驗。如果你面臨一個艱難的情勢，你可以轉變你的意識，但挑自己毛病只會使你失去更多力量。

你擁有一切所需的資源去瞭解面臨的處境，並下功夫改變你的意識，也因此協助自己脫離困難期。

在處境艱困時為自己貼上失敗者的標籤——或是忙著自責——這真的是在自我破壞。這個反應只會把你埋進消極負面的洞裡，而這個坑洞正是你想逃離的陷阱。當事情越是令人難受，離開責怪的遊戲，選擇能賦予你力量並繼續人生的清晰思維就越是重要。

身為諮商師，我知道要創造出健康、快樂和持續正面的心態有多困難——尤其如果你是生長在一個充滿消極、批判或恐懼的家庭裡。改變需要極大的努力和意願。當你的信念是在充滿負面的環境下形成，對自己有耐心並且能原諒自己就更是重要。

如果每次遇到具挑戰性的局面，你就跳進自我批判和責怪裡，那麼你只是又回到你正試圖清理掉的錯誤訊息的源頭罷了。

1 譯注：Aldous Huxley，一八九四～一九六三，英國小說家、散文家。他於一九三二年發表的《美麗新世界》堪稱二十世紀最經典的反烏托邦文學之一。

如果你想改變困境的模式，你就必須改變你對它們的反應。

上帝一定很生氣

因為不好的念頭而指摘自己，會降低你的力量和價值感。許多人甚至覺得自己是被上帝或宇宙——或宇宙法則——懲罰，因為他們一直在做些不為人知的壞事。事實上，有些人似乎從中立的吸引力法則奇怪地跳進了猶太教與基督教共有的詭異心態裡，亦即好的思想會受到獎賞，不好的念頭會遭到懲罰。

但法則是中立的，它們不是在懲罰你。若要說一切麻煩或困難都來自你的心理特質未免過於簡化。沒錯，意識確實創造實相，然而許多事件的發生是另有成因。

當我們在本書第二部進行更全面的探討時，你會發現生命週期、心靈週期、業力與靈魂意圖這類因素，都參與了你的個人歷程。而這正是你這一生，你靈魂的永恆歷程的真相，只是你對靈魂的某些動機可能還不清楚。

事實是，關於這個世界和人類的經驗，有許多仍屬未知。黑暗能量與黑暗物質構成了百分之九十以上的宇宙，但科學家仍然不知道它們是什麼、又在哪裡。我們的人生也是如此。我們當然瞭解不少我們的意識和生命力是如何影響我們的個人經驗。這些是很重要的因素，它們也永遠不該被忽視。但有時人生就是會發生意料之外的事，而且我們可能不知道原因。

有一點是肯定的：自責只會使你覺得自己犯了錯並因此痛苦。如果你堅持活在這種悲慘的生命能量裡，只會引發更多相同的事件。也因此，當你試圖走出困境時，自責真的是你想有的反應嗎？

自我譴責和懲罰的說法對意識創造實相的原理而言，都是偏頗且危險的反應。由此衍生的恐懼與自我厭惡會造成思想和行動力的癱瘓，以致你不可能看清真相——不只看不清問題根源，也不知下一步該做怎麼。

心靈解答

愛自己跟平和的行動，遠比持續自責和恐懼宇宙的懲罰來得有效益。無論你面臨哪種困境——不論是事業、財務狀況、感情生活、健康，或任何其他問題，這點都是真實不虛。

探究你的想法，看看你如何能以榮耀、尊重和賦予自己力量的方式來面對情勢，但請先放下責難。當你選擇帶著樂觀的心態前進與行動，這個選擇將為你的困境和反應帶來療癒。

疾病與健康

吸引力法則最教人難懂的一點是，為什麼某些人會生病——而疾病又是否被他們自己創造出來？孩童生病尤其難以理解。孩子們怎麼可能從純真的思想創造出白血病或自閉症之類的狀態？而且，一個樂觀、愛自己的成年人又怎麼會忽然生病死去呢？遺憾的是，有一種新時代的心態認為：「如果你生病，那是你的想法創造了疾病。」又好像這還不夠似的，有些人甚至聲稱：「如果你真的想要，你就可以好轉。」因而使病患的罪惡感加倍。

不用說，我確實相信信念與意識的力量。這些原理我已經教了數十年，而且我會是第一個跳出來說「它們能改變實相到細胞層級」的人。奇蹟會在任何時候發生，我們絕不能忘記這點！而在我們對奇蹟保持開放的同時，我們也必須瞭解，我們不可能永遠知道所有疾病的成因或解決之道。

最近我看了一個談話節目，有位新時代作家被問到思想的力量和疾病的問題。她的答覆是，每個人都應該能夠治好自己的癌症。雖然我有把握她是想把這段陳述當成某種形式的鼓勵，我卻不禁想到所有正在看著電視，並正與性命攸關的疾病艱苦奮戰的人，如果他們就是沒能康復，他們現在正懷疑自己是哪裡不對。

我親愛的小叔魯迪與結腸癌奮戰到最後幾個月的時候，就發生過類似的事。有人竟然跟他說：「你一定是不想活了，要不然你應該可以好起來的。」我知道此人是出於急切和傷悲；但那種傷人又帶有批判的態度就是不對。

告訴別人他們應該可以療癒自己，聽起來像是鼓勵，但這事實上並不厚道，因為這是在他們最脆弱的時候還讓他們覺得是自己的錯。不僅如此，這樣的說法還會反轉療癒的能量。我記得魯迪常問：「我是哪裡有問題？我有冥想，也有說肯定語，可是我並沒有好轉。我應該可以做到的啊！」這樣的自我批判自然無法創造出放鬆和愛自己的心情。

經過多年心理學訓練和工作，我可以告訴你我們要如何回應這種「應該」的說法——尤其是對那些我們無法做到的事。從小我們就常聽到這樣的告誡：「你應該學學你哥哥」、「你應該有更好的成績」、「你絕對不應該哭或表現出軟弱的樣子」。我們聽見這些「應該」，然後拿它們來證明自己的不足，還不時用來提醒自己沒有能力達到期望的結果。

縱使是成年人，生活裡的「應該」也會使我們產生對抗與絕望的心態；而如果我們沒能有所表現，它們會導致一種深刻的沒有價值、不配的感覺。這些反應都是非常有害的能量振動。就吸引力法則來說，這種有害的共振絕對會破壞我們的生活品質；而對抗與掙扎的能量則會完全抵消我們在療癒或其他方面的成功意圖。

身為能量與個人意識力量的擁護者，知道與頑疾奮戰者正用這些原理使自己感覺更糟，我覺得很心痛。他們先是因患病而認為是自己的錯；接著，他們又因為沒能透過思想療癒自己而覺得更加失敗。

信念和情緒確實與疾病有關，但為了生病或尚未痊癒而責怪自己，這就完全是適得其反、自找麻煩了。當然，你可以探究自己是否有任何認知或情緒需要改變。研究顯示，消極或沮喪的人罹癌的比例較高。關節炎則跟未被表達的情緒有關。但請記得，這些——和許多——疾病也發生在家族病史，而且跟飲食、吸菸、殺蟲劑及其他環境因素相關。因此，與其因為患病而責怪自己，還不如透過疾病來愛自己。

心靈解答

如果你想要一個更健康的身體，在生活裡建立更健康的心理與情緒習性永遠是個好主意。為沮喪、焦慮或無法說出真相等模式做出必要的改變，並選擇榮耀自己的想法與做法！把尊重自己當成平日做決定的準則，這是你在療癒所有層面所能做的最好的事之一了。

意識的轉變可以發生在瞬間；神奇的療癒也隨時可能發生。無論你正經歷什麼，你永遠可以讓你的想法充滿希望、信心與樂觀。

與其挑自己毛病，不如取回你的力量，並為自己採取行動。

允許自己運用每個可用的健康做法來幫助處理手邊難題。千萬別忘了靈魂世界與你同在，而且樂於提供協助。

請小心「**只要**透過思想來療癒自己」的這類告誡。這種態度已經鼓勵了某些人罔顧急需進行的醫療，甚至連另類療法也放棄。某人曾告訴我，有人勸她什麼也別「做」，因為「進行治療」意味著承認不適！這類的恐懼和否認真把我嚇到了。你不會為了要讓自己去想像骨頭的癒合，就拒絕讓斷腿打上石膏吧！那又為什麼要排斥對更嚴重的情況進行治療呢？

你無須為了改善病情而迴避跟疾病有關的討論和做法。聽取建議、支持自己，然後評估、衡量所有的資訊。做你該做的去榮耀和滋養自己。負起責任，以更正面的方式指揮你的想法，但請釋放令你覺得有錯和害怕的自責心態。

請用這些意圖為你的生命力充電：**「我很堅強，而且有能力處理任何發生的事。」「我愛我自己，而且我總是為自己採取行動。」「我是完整、健康、永恆、安全、有智慧的。」**

孩童的靈魂

如果個體的意識創造了實相，純真的孩童何以會受到疾病、傳染病和飢餓的折磨呢？當我們將自己對這個世界的感知侷限在吸引力法則的嚴格詮釋時，這個問題就無法得到合乎邏輯的解答。事件背後的因素遠多過我們可知的，但有些人卻很快地在這點上做出價值判斷。

某人在全國性的電台節目討論最近一名六歲女童被綁架和撕票的案件。主持人問這位來賓，從吸引力法則的觀點來看，這樣的事是怎麼發生的。難以置信的是，這位來賓竟回答：「這是家長的錯。」他接著說，由於孩童沒有成年人的意識，這個實相肯定是由成年人的想法與能量所創造出來。

這個回覆糟糕透頂——而且不正確——在那一刻我震驚到說不出話來。我無法想像它會帶給那些失去孩子，或正眼睜睜看著孩子受苦的父母親多大的痛苦。

事實上，廣播結束後我收到數百封電子郵件，這些心煩意亂幾乎要發狂的父母親說：「我的孩子有白血病；我是做了什麼把它創造出來？」「我兒子有自閉症；如果我從來沒想過這事，那我是怎麼把它想成真的呢？」

這些父母不僅要面對眼看著心愛子女受苦的可怕折磨，現在更因為要承受導致這種局面的罪惡感而倍感痛苦。他們的自責與不知所措顯而易見，但他們並不知道要怎麼做才能改變自己的認知並獲得內心的平靜。

讓我澄清真相吧。如果你的孩子正經歷某些困難，而它是出於你的疏忽或傷害——或是你明明知情卻容許他人這麼做——這才是你的錯。如果你傷害他們、挑剔、不在孩子身邊，或疏忽對他們的照顧及情感上的支持，那麼你確實需要做些改變，開始將子女放在優先。但如果孩子罹患的疾病跟你的對待方式無關——或者，但願不會如此，是某個你無法控制的悲劇發生——那它就不是你的思想或意識的「過錯」了。

親子或夫妻這種深刻的親密關係是共享意識（shared consciousness）的現象。你的靈魂跟那些與你關係親近的人的靈魂，是為了完成某事而決定在此生相遇。無論是學習課題、以嶄新和美好的方式表達愛，或是處理從前世延續至今的舊能量——你們的相聚有靈性的目的；明白這點相當重要，因為這可以使你對關係的體驗有更深刻的意義。而當這段關係旅程包含了磨難與失去時，這一點更是格外真實。

靈魂的觀點

靈魂在世上有許多道路，從崇高的平靜到劇烈的激動不安，從瘋狂刺激到深刻的痛苦，各不相同。這其中的任何一個，都可能是你的靈魂所追求的課題之一。正如你即將瞭解的，生命有許多循環，學習也有許多週期。事實上，有時一輩子都在學習。因此，重要的是對周遭情境所提供的訊息保持開放。

靈魂歷程的每個部分都有目的。它被註記在你的意識和經驗裡。其中一部分是去看見更高的價值，在順境和逆境都能找到更重大的涵義。或許你遭遇的困難就是為了要把你送上這場探索，引導你為自己的靈性道路和人生尋求更深刻的意義。

你的靈魂有非常不一樣的觀點。靈魂並不介意身體是否生病，因為它將生命視為永恆。不論事態多嚴重，靈魂對你面臨的難題無所畏懼。當生活充滿痛苦，人格所看到的處境是身陷磨難，這跟因為必須戴牙套而自認飽受折磨的小孩的情況很類似。然而，就像靈魂一樣，父母看到的是更大的真相，而且明白：痛苦是短暫的——但因此得到的益處卻十分值得。

這些益處是什麼呢？一直以來，靈魂尋找愛、理解、合一、真相與源頭。任何經驗都有可能是艱辛，也可能是愉快的，但如果它能引導你到上述這些方向，這個經驗就深具價值。

走進——並相信——靈魂所帶給你的平靜，是需要學習的重要課題。你的靈魂希望你把自己看作是永恆、勇敢、堅強、有彈性和適應力的；而且它要你知道，你永遠是被支持被喜愛。

為自己選擇愛，去達成更高的目標並獲得更清晰的理解——這些都是靈魂渴望你去擁抱的課題。你的靈魂在心裡吟唱著這些真理：「我是有力量的。」「我是永恆的，我無憂無慮，無所限制，無所畏懼。」「我具有神性，我充滿了神聖之光。」「我是靈魂，我是愛，我是平靜。」經常肯定這些真相，因為它們就是你的實相核心，為你在順境和逆境中指引方向。

一關又一關

我的人生有過一些悲慘的境遇。事實上，我最寶貴的課題就是來自這些最具挑戰性的經驗。當父親因車禍身亡時，我以為自己永遠走不出來了。當時我沒有意識到，但我心裡覺得自己被遺棄；在內心深處，我對父親的離世感到憤怒。由於我無法接受他的死亡，我自然也無法表達我的情緒。我不知道能做什麼，於是將一切痛苦與憤怒放在心裡。

這是個極大的錯誤。兩年之內，我出現慢性呼吸道感染。我發作了幾次肺炎，又被似是無法治癒的支氣管炎折磨了將近四年的時間。最後，我發現自己罹患低丙種球蛋白血症。沒有能力處理父親死亡的傷痛，除了使我的免疫系統精疲力竭，過去二十年來我也必須一直接受輸血。

所以，這個病在我生命中的真正起源是什麼？得這種病是我的錯嗎？是我把自己想病的嗎？是我的意識導致父親車禍嗎？

要試圖弄懂所有的究竟與為什麼，我可能會把自己逼瘋，然而有一點我很確定：要處理這個經驗與後續產生的病痛，就跟處理父親的死亡（與缺席）一樣艱難，但卻為我帶來極其珍貴的禮物。

首先，是我對意識、意願與能力有了更深入的瞭解。有時，我們會做出無知，甚至完全不健康的選擇，或許我們犯下嚴重錯誤，但有可能是因為在那個情況下，那就是我們當時所能做的了。

我在父親過世時無法感受哀傷就是這個狀況。雖然我當時已是諮商師，但我根本沒有半點準備要面對這種巨大程度的失去。我可以——也應該——尋求治療，抒發我的哀傷。但我沒有；我最後內化了這一切，把傷痛深深送進我的身體，而不是釋放。

有沒有可能是這個決定讓我生病？是的，當然可能。但指責自己對我並不會有任何意義。相反地，我可以選擇透過它來愛我自己。總之，當我終於意識到我的否認傷痛是個錯誤時，我讓自己接受痛苦，並將苦痛完全抒發。我處理了我的傷痛，走過了哀傷，並覺察到自己是多麼需要改變對生活的態度。這個過程對我是意識上的巨大轉變，是哀傷中的偉大禮物。

那段經歷給了我能夠發揚的技巧與力量。它明明白白地使我認清，我們絕對需要去認出並宣洩我們的痛苦、悲傷及憤怒。從那時起，我就持之以恆地寫日誌，為的是抒發有害身心的能量與情緒。我也因此能夠教導他人辨識與表達情緒的必要性；許多人也發現這是有益，甚至能改變人生的技巧。

寫日誌的功用遠超過我能言傳，記錄日誌是我做過最能賦予我力量的事；透過這個過程，我改變了想法，也對自己的處境有更清晰的思考。寫日誌除了是表達高張情緒的簡單方法，對於分析思考方向和歸納新結論上，它也是非常重要的工具。它幫助了我更常感恩，協助分析我面對的選擇，並將我的意識轉換到更平靜的共振。

父親的死亡與隨後多年病痛的經驗是如此難受，有好幾次我都認為自己絕對熬不過去了。事實上，我也曾一度病到經歷過完整的瀕死經驗。那是我生命中最可怕卻又最具啟發的祝福。如果我沒病那麼重，它永遠不可能發生。

那段期間我也學到了別的事——像是如何說出我的真相，以及接受我獨特身分的重要性。那段時期所學到的課題，價值難以估量，而這整個經驗最棒的禮物就是，它帶我更接近我的心靈。

我更常靜心，更常寫東西，而且我學會了如何找到更有意義的平靜。這一切讓我體驗到從未有過的深度信心。

說來諷刺，因為當父親去世時，我最初的反應是我的信念已經從根本動搖，我不認為自己還能再相信任何事。然而我現在知道，那些艱困的時刻給了我力量，並以驚人的方式將我的人生向前推進。

心靈解答

如果你或你摯愛的人正經歷一段難熬的時期，不要否認。你的否認可能會讓你在表面上覺得好過，但假裝難題或哀傷不存在，只會把有害能量送進內心更深處。因此，讓自己去感受那來到臨界點的原始和開放的情緒！融入其中，真正地允許自己體驗痛苦、憤怒或恐懼。喊叫、哭泣，或是槌打發洩。在你的日誌裡抒發情緒，並對會支持你的親友或專業人士表達你的感受。把情緒全部釋放出來，你才能繼續前進。

不論問題源頭是什麼，選擇放下內疚與自責對改變困境是非常重要的一步。與其為了難題譴責自己，不如問問你的靈魂你要學的是什麼，或你應該要改變的是什麼。即使問題根源與外界無關，這也不表示你有什麼不對，它只是一個你需要改變的習慣罷了。

想想自己現在可以做些什麼來溫和地轉變想法，讓自己能更信任生命並有更多的愛。

記住，你永遠擁有看到你的永恆價值與真相的選項。對自己仁慈可能不是容易的事，但這是在你的哀傷裡找到禮物的第一步。你當然不必為了學習而受苦，但如果挑戰出現，這當中很可能存在著課題。

看不到，也感覺不到——我到底是怎麼回事？

除了因為發生不好的事而指責自己，你還可能因為吸引力法則而陷進的另一種形式的責怪遊戲，是怪自己沒辦法讓好事發生。這樣的想法會導致許多恐懼和內疚。你可能認為你必須「要先感受到才能實現」，而當你無法創造出你想要的情緒或結果時，你就會感到絕望。

吸引力的謊言

你必須信任最後的結果一定會發生，並且感覺它就像已經發生了一樣。如果不這樣，那麼你在想法上的失敗就意味著好事永遠不會發生在你身上。

真正的真相

如果你真心地生活，你絕不會是思想上的失敗者。好事甚至會在你最沒預期時發生。你要做的只是播種、放下、保持耐心，然後愛自己，活在平靜裡。

最近有位個案流著淚到我的辦公室，她說自己很失敗。我問她怎麼回事，是什麼事讓她覺得這麼困難。她說她一直在聽吸引力法則的CD；講師說，進行觀想和述說肯定語時，必須要有目標已經達成的那種興奮感受。講師還說，唯有感受到夢想彷彿已經實現，她的意圖才有足夠的能量讓夢想成真。

她邊說邊啜泣，「我的目標是找份工作、有份感情。可是我已經失業三年，而且我二十年沒談過真正的戀愛了。所以當我坐在那兒說肯定語，試著相信它的時候，我心裡就是沒法有感覺——如果我在自己的思想上這麼失敗，我怎麼有可能成功地讓那些目標成真呢？」

然而，她缺少所需的感覺並不是她的錯。我們的潛意識心智會抗拒去相信跟我們的經驗背道而馳的事。畢竟，如果我們明知某事現在不是事實——而且已經不是事實好一陣子了——潛意識會不知道要如何調和其中的差異。

再說，這不是你應該拿來責怪自己的事——這是可以解決的單純問題。雖然能感受到某個經驗會很有激勵效果，我們許多人還是以正面的生命力、懷抱希望和意圖，達成了傑出的成就。

在結束第二次婚姻之後，我其實不太相信有牢靠的男人存在，但我想既然我還是會出去約會，於是設定了意圖，並把心思放在為自己創造快樂和圓滿的人生。我或許沒有真的那麼相信，不過我打開心，對可能性保持開放。雖然我並不急，但沒多久，我就遇到了我先生。

心靈解答

放下自責，提出一些新的說法，讓你的潛意識開始接受。
開放自己接受新的可能，並轉換到充滿希望的感受。
修改你的肯定語，使你的潛意識心智較能接受你所渴望的成果。

我曾接過一通住在父親地下室的失業男子打來的電話。當他開著車底已破損鏽蝕的老爺車出去找工作的時候，他會邊駕駛邊聽著講述吸引力法則的錄音帶。帶子裡要他大喊：「我是百萬富翁！我相信我是百萬富翁！我是百萬富翁！」

他告訴我，他一直熱情洋溢地說這些肯定語。有一回他太興奮，跺了一下腳，鞋子竟踏穿了車底板。他對那件事的反應是責罵自己：「我以為我在唬弄誰啊？我是個沒有工作的失敗者，住在老爸的地下室，開著一輛沒有底板的破車。」

他打電話問我：「真相是什麼？真的只要一直說這些，它們就會發生嗎？」

我告訴他，如果他在目前的情況下無法真心接受這些跟實際狀況兩極的想法，那就很難使它們成真。我建議他嘗試與他的現況不那麼對比的正面思想。我給他的肯定語是：「我正以美妙且超乎預期的方式吸引越來越多的豐盛。」「我敞開心接受許多新祝福，包括一輛新車和自己的住處。」「我接受更多的財富進到我的生命，而且我願意採取更多行動，朝新方向拓展自己。」

我問他對這些陳述有沒有共鳴，他的心可以接受嗎？他說是的，他能夠在心裡用更強烈的感覺和更平靜的心情說出這些肯定語。雖然情況沒有立刻好轉，但他繼續採取行動，也沒有放棄求職。過了一段時日，他找到了工作，而且有能力負擔自己的住處和一輛新車。

與你的心共鳴

我收到來自世界各地的電子郵件，詢問應該如何對自己說話，應該觀想什麼以及如何觀想，還有應該說哪些肯定語。他們之中有許多人遭遇挫敗，因此他們通常會問：「我做錯了什麼嗎？」

關鍵問題就在於觀想和肯定語。來信的人都曾被教導，如果他們在想像最後結果的時候配合適當的細節與情緒，他們應該就能得償所願。他們也被教導，說肯定語時要帶著感情；而且肯定語有些很特定的規則，包括絕不能使用否定句，以及永遠要使用現在式。這些建議很好，但前提是要記得以下三點：

1. 別讓你的意圖變得急切，或執著於最後的結果。
2. 選擇跟你內心共鳴的觀想和肯定語。
3. 肯定並欣賞自己的價值和現在的生活。

試著別太擔心你對肯定語的用字遣辭。相反地，要使用能賦予你力量與榮耀，並使你感覺充滿希望的陳述。實驗看看，提出真正與你內心深處共鳴的改變和結果。

事實上，更重要的是要去肯定自己，而不是肯定你所獲得的結果。

維護自己的價值與值得尊敬的地方。聲明你值得擁有美好的事物，而且你正在吸引它們；你人生中的每一刻和每個經驗，都能帶給你某種價值。

你的永恆靈魂具有無限的智慧、清明、平靜，並能帶給你啓發。知道你有能力為自己創造幸福和滿足，然後在日常生活的選擇裡支持這個意圖。

肯定語是我數十年來每天都會運用的工具。它們非常重要，我認為它們改變了我體驗與感受生活的方式。我全心鼓勵你把使用肯定語當成生活裡的事項。肯定自己遠比責怪自己來得好，所以，放下自我批判吧！

把規則拋開，去聽聽你的心。建立一個以自我價值與正面感知為基礎的動能。把你的肯定語選項寫下來，常常去看這些肯定語句。

接受喜悅、平靜，並無條件的接納自己。你是有價值的，而且你擁有力量。無論你現在是否感覺到，你的永恆靈魂就是如此。

第三章
玄虛之詞

「被上帝深愛的探索者是透過靜默，而不是在狂亂的活動裡發現祂。
這個探索即是人生的目的。」

——薩馬德[1]

絕大多數人並未意識到吸引力法則已被探討多年。你可以在古代文獻，以及可追溯至十九世紀中期的近代書籍裡，找到跟這個主題有關的討論，而許多這類書也提供了明智的建議，教導你如何運用特定原理來改善生活。

瞭解如何提高你的振動不但具有無窮的價值，當你在所做的一切創造出清明的意識，你也獲得極大的喜悅與自我控制。

不幸的是，近來有許多人曲解了這些法則的設計，把它們的應用範圍縮小到特定的計畫和目標。但是，人生在世不是只為了賺錢或擁有好東西，這個世界的能量有著更廣泛的意義。

能量與意識可以為你的日常生活帶來深刻的力量。限縮自己的觀點，事實上會降低能量與意

1 譯注：Sarmad，十七世紀旅居印度的波斯神秘主義者、詩人暨聖者。

識的力量——這不僅影響你未來的結果，還會對你日常經驗的品質造成即時的變化。

是魔術，還是誤會？

大家普遍認為吸引力的運作過程是一個個別的追尋，是沒有變化的單一方法。事實上，這個危險的假設會使你跟你追求的目標背道而馳，主要是因為這種絕對、非此即彼的態度會產生一種能夠徹底反轉結果的有害能量。

許多人灰心受挫，你可能也是。當你聽到別人成功的故事，你不懂為什這些法則對你的人生起不了作用。你有可能是忽略了過程中某些較細微的差異，因而陷進了焦慮和一心一意的意圖裡，這實際上卻是讓自己更深陷抗拒的能量。而你對吸引力法則的熱切反應和期盼，可能會使你持續追求一種神奇又立竿見影的效果。

當這種情況發生，吸引力法則只是變成了另一個讓你感覺失望難過的事。但人們並不清楚，他們因為把注意力都集中在特定事物跟未來事件，卻不使用能量去活出珍貴和有價值的生活，因此失去力量，生命力振動也因而產生了轉變。一直掛念結果卻往往導致你在過程中失去平靜——而**平靜**卻是命運創造的過程裡，產生正面核心共振的必要元素。這點只是我們可以仔細檢視的吸引力法則的常見矛盾之一，幫助瞭解為什麼自己是在目前的處境。

吸引力的謊言

要創造命運只有一個方法，那就是一直想著你的特定意圖。

真正的真相

雖然你的思想是你生命品質的主要產生器，但並非你經驗到的每件事都是你專注在意圖上所產生的結果。

思想與意識是宇宙非常強大的力量。你這一生所編織的想法和擁抱的信念，毫無疑問地形成了你一切情感經驗的基礎。這些心智上的詮釋可以使你快樂或悲傷，充滿希望或意志消沉，內心平靜或衝突矛盾。也因此，你的思想是你在意識創造上非常重要的部分；它將你對自己的觀點、想法，你根深蒂固的信念和你的期望，發送到這個世界。而真正影響和主宰你未來的，就正是這些意識經驗的整體性質。

心靈解答

你的生命力是被你主要的心理模式與情緒反應所驅動。因此，在你的人生旅程裡，駕馭思想永遠是很重要的部分。然而，若只把心思一味放在你想獲得的結果，反會使你無法透過思想獲得重要的進展。

以吸引力法則和幸福來說，以下三種心理技巧遠比聚焦在你的渴望更重要：

- 認出負面情緒，然後溫和地放下
- 充滿愛和鼓勵的自我認知
- 建立超級樂觀的世界觀

這些正面選擇是影響你生命經驗的重要因素，但請記得，其他因素也同樣能塑造你的未來。它們有些跟你的認知有關，有的則較為神祕和難以預測。知道如何應付這些各式各樣的影響能夠增強你創造命運的力量。

你的意識播下許多你將在未來收割的能量種子，而像是環境、生命週期、共享意識、靈魂意圖與業力等等因素，也會顯著影響你在這生所顯化的個人生活、職業與身體上的體驗。

這些重要元素將在本書的第二部被仔細檢視，但現在就先澄清大眾對此的根本誤解會很有幫助。明瞭到未來並不是只被你的想法影響，這樣的理解能夠使你對現在的體驗和未來的目標有一個越來越平衡的態度。

因此，讓我們來研究一下某些得償所願的個案，看看特定的意圖是否真具有那種實現的力量。你可能會很驚訝地發現，答案是肯定……也是否定的。

源頭與緣份

我們可以追蹤一個念頭到它的結果嗎？是的。我可以從自己的生活——以及個案和朋友的生活——舉出許多精采的故事，它們都有清楚和正面的意圖，也因此得到好的結果。

我的好友，作家佩姬．馬克爾（Peggy McColl），最近就告訴我這麼一個跟她賣房子有關的事。

當佩姬決定售屋時，她被告知不要對詢問度抱太大期望；因為經濟不景氣使得市場交易量停滯。雖然她並不急著賣，但既下了決定，她就把她渴望的意圖確實寫下來。她用表達感謝的形式這麼寫著：「宇宙，謝謝你以我想要的價格幫我迅速賣掉房子。」此外，佩姬也尋求靈界的協助，她請她剛過世的母親幫忙推一把。她也沒有執著於結果，她只是把任務交給房仲業者，然後就把這件事放下。

在相對而言的短期間裡，佩姬就得到了跟她的想法完全符合的結果。她對能夠很快賣掉房子而且成交價如她所願的成效由衷讚歎。在這個例子裡，最後的結果跟最初的想法有非常明顯和明確的連結。

然而，如果佩姬的房子沒有賣掉，她應該為此自責嗎？那麼那些在同個社區，卻沒能賣掉房子的人是犯了什麼錯嗎？或許他們沒有強大的意圖或正面信念，也許他們在籌劃或定價方面犯了策略上的錯誤。這是完全可能的，但許多其他因素也可能協助或妨礙了最後的結果。

這些其他因素也可能是讓佩姬有不同體驗的原因。或許她的母親在能量領域上協助連結了買賣雙方，也許賣不掉房子的人有別的課題需要學習——不論是思想、意圖、耐性、臣服，或甚至銷售上的細節。無論結果如何，總是有東西可學。

事實上，我們每個人都能從這個故事學到一課。首先，設定你的意圖，再用你全部的生命能量支持你的意圖。欣賞和感謝你的人生；對你的想法，不僅是對特定議題，對你平日生活裡的想法也要保持覺察（但不要執著）。記得向靈魂世界尋求協助，並以耐心和信任去接受並臣服於結果。

這些佩姬都做到了，而且做得更多，她因此得償所願。這顯然是日常生命力、意圖，甚至靈魂的力量都聚集起來，將渴望從能量領域推進到個人實相的情況。

但這是否意味你能夠追溯出每個理想結果的初始念頭呢？有時你對於為什麼會有正面結果有很明確的概念，而且可以從頭追蹤到尾。但也有些時候——不論是在順境或逆境——你對某個特定結果為什麼形成或是如何形成，卻完全摸不著頭緒。

我想起演員勞勃．米契（Robert Mitchum）在劇場開始他的演藝生涯的故事。（年輕讀者可能不太熟悉這個名字，不過強尼．戴普曾提過米契是他最喜歡的演員之一。）這位廣受喜愛的演員在一九四〇至一九九〇年代，先是參與電影，後來又演出電視劇；雖然星運順遂，但他踏入這行卻是出於偶然。

米契在青少年時期就離開家，搭著貨運火車縱橫全國，探索每一個他覺得新鮮的地方，靠打零工維持生計。有一段期間，他和在加州參加戲劇甄選的姊姊同住。有天，他姐姐請他載她去試鏡。這件事改變了他的一生。

姐姐沒有入選，但導演需要一個男性角色，於是要求坐在劇院後方的米契唸段劇本。米契得到了這個角色，由於當時他沒有工作，於是決定接受這個機會——雖然他從沒演過戲，甚至壓根兒沒這個念頭。

在這齣戲上演期間，他被演藝經紀人相中，簽下了電影公司的合約，從此展開長達四十多年的輝煌演藝生涯，而這一切完全發生在沒有預先策劃或明顯意圖的情況下。米契後來提到，因為他缺乏正規訓練，他對自己的成功感到訝異，並對能進入這麼值得從事的職業覺得感激。

所以，這個故事告訴你怎樣的因與果？米契的想法和事業成就似乎沒有直接的關聯，但是吸引力法則的真相是，有些成因的出現遠比想法／念頭來得早。

我們可以推動事情的運作，但事情也有可能出乎意料發展。而且，有時靈魂為我們計劃的跟我們所理解的截然不同。

這些只是你將在下一章讀到的與創造命運有關的某些奧秘，但現在，重要的是記得，保有開放的彈性才是最好的方式。持續發送你的意圖，但永遠要對可能出現的意外祝福與課題保持開放。這種平衡的態度最能點燃你的意識創造力。當你現在就專注在創造高品質的生活，就像你對目標一樣專注，意圖的實現或顯化就會加速。

你的生活每天都在發生，因此真正要緊的是你這一刻的行為。對於現在正進行和發生的事，你是否希望是幸福、有行動力和正面的？真相是，專注於當下此刻遠比只是記掛著可能的未來收穫，更有機會導向成功。

吸引力的謊言

你只要持續專注在想要的事物上，它最後就會發生。

真正的真相

設定明確的意圖只是吸引力法則的若干因素之一，這些因素還包括了你和你每天的作為所創造出的多面向生命力。

你的整個生命力——不只是表面的意圖——將決定你吸引到的結果。這個真相比多數人所想的都更整體和全面。

你的意識就像一個全息圖，投射出自己的3D影像。這個重要的資訊場涵蓋了你的想法、信念、情緒、態度和你的物質性。重要的是，它也涵蓋了你的身分的最核心：你的靈魂。不要忽略了靈魂這個重要且有力的表達。拒絕接受或排斥靈魂／靈性不僅不尊重自己，還會瓦解你的生命力能量，使你脫離宇宙能量的流動。來自你靈魂核心到你日常生活的能量流的全息呈現，才是成功的最重要因素。

心靈解答

整合意圖、信念和以靈性為核心的力量，可以幫助你在每一天的生活中獲得動能，並加速實現你的目標。

請把吸引力運作看成人生歷程的一部分而不是唯一的考量。充滿熱情的去追求目標，釋放讓你不快樂的過往信念模式，並將你的意識集中在平靜與永恆真相的力量上。

帶著價值感與目標活在當下，你就會將你的生活體驗提升到一種充滿喜悅和活力的共振狀態，結果如何將不再重要。令人訝異的是，這時你的生命力將散發耀眼光芒，使你更有可能吸引到你所渴望的一切。

錯誤的焦點

知道自己想要什麼可以在生活裡創造出充滿能量的方向，然而**過度**觀想結果的建議，卻會帶你走向危險。有人說，想著你要的東西會使你不再去想你所缺少的，這個說法有點諷刺，因為真相是，不斷去想像你渴望的結果，你事實上會產生匱乏的心態。

過度專注於你想要的事物，你反而在能量上降低得到它的可能。事實上，過度執著於結果會使你欠缺五種成功的要素：

1. 缺少彈性
2. 缺少接受能力
3. 缺少行動
4. 缺少臣服
5. 缺少感恩

讓我們一一檢視這些元素，看看一味執著於對未來的渴望，是如何讓你越來越陷入「需求」。

一、缺少彈性

彈性是成功的關鍵要素。瞭解自己要什麼，並且有明確目標和計畫是必要的，但保持彈性也一樣重要。事實上，你至少要偶爾去審視過程中的點點滴滴，這一點絕對必要。而且你甚至可能會需要重新考慮並更改最終的目標。

要保持彈性，你就需要對所有的選項開放，你要願意研究不同的路徑，並歡迎靈性上的啟迪。你必須願意在你的計畫，甚至你的夢想跟人生方向上做出改變。

千萬不要忘記，這個世界是豐盛的，有許多通往成就與幸福的道路。在你尋找戀情時，符合要求的人選絕不會只有一個。賺錢的方法也絕不會只有一種——不會只有一種事業讓人有成就感又有豐厚報酬。當你決心只讓某一特定事情發生，你就失去了看到周遭眾多選擇的能力。

拒絕開放心靈會阻礙你的創造力與生產力——這不僅是在你的工作領域，對你生活中各個層面也是如此。它會使得宇宙的能量流停滯，阻礙了來自宇宙的祝福和啟發。這就是下一個類型的欠缺——因為過度執著於焦點所導致。

二、缺少接受能力

當你停止讓自己具有彈性，你也阻止了宇宙具有彈性。選擇窄化焦點會關閉你對未知的奇蹟與可能性的接受能力。你可能對你最終渴望的人事物相當確定，但宇宙很可能另有想法。它或許是個截然不同卻一樣美好的結果，然而執著於唯一的渴望卻會產生不讓其他好事發生的阻力。

與其限定目標而失敗，不如試試以下的肯定語。讓它們成為你真正的意圖。當你說這些肯定語的時候，請深思它們的真理，並打開自己的心接受更高的可能性。

- 宇宙是豐盛的，體驗幸福有許多方法。事實上，我每天都有能力在生活中創造喜悅。

- 我開放心靈，接受宇宙提供的許多不同祝福和選項。我有意願、我是自由的，我樂於接受。
- 我每天受到靈感的指引，它們帶給我調整觀點所需的洞察力。我是有彈性的、我受到啟發，而且願意接受改變。

允許自己接收新的東西，體驗你從沒想過的不同事物。如果不這樣，你很可能會關閉了你所有的選項。

正如你將在下一章節看到的，有時事情就是無法如願。在某些情況下，那是宇宙在保護你；在其他時候，那是你的靈魂輕輕將你推往不同的方向。受到這些和其他變數的影響——例如你所處的週期或你的靈魂意圖——你可能這一次沒得到某個特定的人或工作。然而，如果你放手，讓選擇自由流動，你很可能會有更美好的體驗。一個意料外的超棒情人可能就在轉角處，也或者未知但完美的事業在不久之後出現。因此，創造一個平靜的、持續的、有彈性的態度。現在就設定追求幸福的意圖，並允許宇宙帶給你你所尋找的情緒體驗——即使是用不同的包裝。也別忘了要每天採取行動，這樣你的渴望才不會只是留在你心中的畫面而已。

三、缺少行動

只專注在結果的另一個危險副作用，便是它會破壞你的行動力。你可能會太過執著於觀想著最後結果，卻不去建立使它們成真的必要動能。當然，你必須接受並允許心靈運作奇蹟，但為了向宇宙表示你是認真看待你的意圖，你也必須有所行動。即使這個行動沒能依你的計畫達成特定結果，你的行動仍會建立起一個加速的頻率，推動你在未來實現你的目標。

如果你只專注在未來的結果，它會使你跟今天的活動和目標失去連結。注意力的裂隙會分裂你的能量並減緩你的動能。從長遠來看，它會減弱你日常工作的方向與成就感，對你的整體生命力造成嚴重的能量耗損。

基於這個原因，挑選一個你對過程和結果都能充滿熱情的目標就非常重要。如果你確實把心思放在進行的事項上，你就更可能貫徹始終。但你若不認為自己能夠享受為了實現渴望所必須的每天行動與付出，那你可能需要重新思考目標，以及達成目標所需的步驟。

心靈解答

觀想你想要的結果沒什麼不好；記得以鮮明的細節，想像自己置身在渴望的畫面裡。然而，以熱情想像你的日常活動也一樣重要。換言之，早晨起床時問自己：我今天要做些什麼？接著觀想自己愉快地從事這些活動。看到自己帶著能量和興奮的心情度過一天。

每天早晨花幾分鐘做這些觀想——可以的話，下午也抽空重申你追求幸福的意圖。想像自己正採取行動、進行業務拜訪、主持會議，或愉快地進行某個計畫。這會啓動你當下的感恩能量——而不是只把感謝的可能歸屬於某個未完成的未來事件。

沒有明確和專注的行動，你的人生會變得空洞，而有目標的活動可以將你每天的能量和你未來的計畫調諧一致。缺乏行動的意圖等於減法——它事實上降低了你生命裡的力量。意圖**加上**行動等於吸引力——每天都會帶給你越來越多的價值。

當你以一個信任的心臣服於未來，你當下所專注的事也同樣會被加速實現。

四、缺少臣服

執著於目標的另一個問題是，它會讓你急迫、絕望和沮喪——而這必然會影響吸引力的運作。相信只有一個結果才能讓你快樂，這樣的想法產生「需求」的有害能量，以痛苦毒害你的生命力。

你的過度專注會使能量無法進入臣服的平靜之地，如果你真心想創造平靜的能量並相信你的期望將會實現，這一點非常重要。

自認為我們能控制未來的所有經驗，這樣的想法雖然誘人，卻是虛假的。正如下一章將提到的，這種急切的意圖事實上會破壞你的渴望。在放下你對控制的需求的同時，你必須要全然活在當下，持續向前邁進。放下執著對於獲得**真實**與**真正的幸福**極為重要，因為這兩者都是追求成功的重要能量。

事實上，有能力在無常的世間活得喜樂是人生最大的課題之一。此外，選擇放手與信任，也會使你進入純淨、沒有矛盾的渴望所散發的和諧力量裡，幫助你離開渴求和不滿足的抗拒性質的振動。在我自己的人生中，許多美好的事都可以追溯到一個最初的意圖，但唯有當我從渴望進入臣服——並從需求轉化為當下的感恩時，那些夢想才成為現實。

五、缺少感恩

因為過度專注於結果而產生的最後一種負面能量，就是它會使你對你已經擁有的事物缺乏感恩之心。想要更美好的生活並朝目標努力是人之常情，但你也必須能感謝現有的一切。如果你無法或不願珍惜你目前的生活，那麼想為自己吸引到更多美好事物將十分困難。

你永遠都有決定觀點的選擇權。你可以自由地看見你周遭的珍貴事物，然後這麼想：「我滿意我所擁有的。」「我現在就能在生活裡發現喜樂。」或者你也可以把注意力集中在你欠缺的事物上，然後想：「我需要其他的東西來讓我快樂。」「在我還沒擁有前，我知道我都會很痛苦。」

而如果你傾向活在第二種世界觀的能量裡，注意了，由於你對結果非常執著，你的能量反而會把它推開。這種自我破壞的現象被稱為矛盾意圖，我們將在下一章做更深入的探討。此刻，請先記得讓感恩成為你的強大意念。

當你把你的幸福——或任何其他事——跟未來事件綁在一起時，就定義了你當下的體驗並不圓滿。這將不可避免地創造出瀰漫的匱乏感。由於你的生命力振動與你的整體意識是基於你對自己和你目前處境所抱持的正面觀點，因此，否認當下的價值，就是忽視你的價值的真相和你創造喜悅與正面認知的力量。感恩，就是這裡所需要的意識轉變。

心靈解答

在當下感恩的意圖比把心思專注在未來更為強大。

想想自己要什麼，但也感謝你所擁有的。認知、感謝，並感受生活中所有祝福的美好與價值。

每天花些時間感恩。無論可能發生什麼，選擇去找事情來感謝吧！

你的人生是進行中的作品，每一次的塵世經驗對你都非常珍貴。在當下的過程中得到平靜，並現在就認出你的價值的真相，比起外在和未來事件更為重要。

每個呼吸都是一個祝福；這麼說或許有些傻氣，但包括你現在坐的位置、眼前的景觀、身上的衣服，這完美的瞬間，以及所有一切，都是祝福。現在就停下來，閉上你的眼睛，把這一刻暫留心裡，讓自己吸進對它深深的感謝。你所尋找的好運就在這個選擇裡。

第四章 渴望的詛咒

「我知道人類無法只靠自己的意志而活。因為有靈魂，人類必須尋找生命力量的源頭。我們要的是生命。」

——D．H勞倫斯[1]

要完整地瞭解吸引力法則，就有必要深入檢視意圖的作用。**意圖**是複雜和多層次的吸引力過程中的重要部分，它可能不像你認為的那樣直接。一層層有目標的行動，結合生命力的投射與個人認知，這些都是創造成功的材料。

在跟吸引力有關的許多誤解裡，吸引力的原理都被看得太「簡單」。雖然吸引力法則的核心想法在形式與概念上是簡明扼要的，但如果你研究量子物理學，你會發現物理學界對意識與能量有許多不同的理論，於是人類對這些想法的運用也各不相同。一如能量與物質涉及二元性和無數的矛盾與難解之謎，當這多種法則在人類經驗運作時，也同樣會有許多變化。

1 譯注：D. H. Lawrence，一八八五～一九三〇，二十世紀英語文壇最重要、也最具爭議性的作家之一，代表作包括：《兒子與情人》、《虹》、《戀愛中的女人》和《查泰萊夫人的情人》。

吸引力的謊言

個人吸引力的法則與公式只有一個，那就是：要求、相信、接收。

真正的真相

意識創造是一個完整——而非被過度簡化——的態度和過程。在吸引力的拼圖中有許多法則與小拼圖。信念是它的關鍵圖塊，然而行動、交互影響、意圖、和諧、存在、心靈、擴展與臣服，都同樣不可或缺。

將創造命運的多面向原理縮減到單一公式實在太過簡化。但數不清的人卻用：要求、相信、接收這三個詞來總結他們對吸引力的看法和態度。儘管立意良好，在許多情況下，這樣的簡化不過是另一個半真半假、似是而非的說法，而它事實上還會導致更多挫折。

我並不是說這個基本態度沒有效用——我已經成功運用過許多次。有時候，當你想要的某個東西深深地銘刻在你的命運和意識裡，你只需要這三個簡單步驟就能實現。但有些時候，因為你個人進化的道路錯縱複雜，你就要能更深入的覺察，採取更多層次的態度，才能朝你渴望的方向前進。

時間、潮流與意圖

人們往往認為吸引力的過程是線性、循序漸進的一連串行動，明確且如預料地引導到結果。有時確實如此。可是當我檢視自己的人生，看著那些已經成真——與尚未成真——的意圖時，我領悟到，情況對我來說更是曲折迂迴。

我生命裡的潮汐曾流向許多不同方向，這一路走來我也繞過不少遠路。戀愛、離婚、轉換工作、搬家、生病、學校、孩子和許多其他事，都曾令我煩心——但也帶給我許多喜悅和珍貴的訊息。重大的失去讓我學到許多；而透過這一切，我的努力和優先看重的事項也影響了我的目標和生活。

在大約十二歲的時候，我讀了一本令我很感動的書，我因此決定除了教書，有朝一日還要成為作家。那是我的心第一次被文字觸動，我希望有天我的文字也能有類似效果。為了當老師，我上大學唸教育學位，計劃在高中任教。那時寫作的念頭早被擱到心裡某個角落，直到我快拿到學位才又浮現。那段期間，我又讀到一本扣人心弦的書，而這本書正在《紐約時報》的暢銷書排行榜上。

畢業前的某天晚上，我和朋友們走在校園，大家都看到流星。有人說，「快，許個願。」我不知道朋友們許了什麼願，但我當時想到我正在讀的那本書，還有我在七年級所做的決定：有朝一日我要成為作家。於是我想，如果要許願，不如許個大的。我看著流星，對自己說，我想要成為作家——《紐約時報》暢銷書榜的作家。當時我二十一歲，並不是真的理解那個願望的確切意涵——或是在它發生前得花多久時間。

我後來確實當了老師，我也開始寫作。在我對星星許下的願望成真前，我花了三十五年的時間，而且承受了很多、很多（相信我——很多）的拒絕與挫折。事實上，我寫了將近十五年才鼓起勇氣自費出版自己的作品——然後又花了十五年才找到我那很棒的賀屋出版社。當人生（不是意圖）將我從教學帶到諮商領域的時候，我的寫作也有了截然不同的形式，而且我的興趣完全改變。一個幸運的巧合（真的是巧合嗎？）使我認識了量子物理學，並標示出我未來數十年的道路。

我的事業是一條漫長而曲折的路，但它不是使我認識生命特質和吸引力與顯化法則的來龍去脈的唯一道路。

我在第二次離婚時所經歷的過程跟第一次很不相同。當時我已經知道「意識創造實相」的原理，而且我終於瞭解到我可以採取行動去創造不同的事物。我知道我想轉變自己的生命力，並向宇宙發送更健康的期望。雖然我對男人有某些嚴重的疑慮，但每晚我都會在全像式的觀想中投射我對愛的意圖。我也透過從自身做起，由內創造我想吸引的伴侶特質，來支持這個意圖。令人驚訝的是，我只花了短短幾個月就遇到我先生。在這個例子裡，連結意圖、行動與結果的那條線非常清楚。

迂迴的命運

我對家庭的追求就不是這麼回事了。當遇到現在的先生，我們決定要立刻有小孩，但接下來是不斷的失望。當時我已經教了很多年的吸引力與顯化法則，因此我全力以赴地靜心、觀想、說肯定語；我和我先生每晚也都一起禱告。我們服用藥草，遵循生活方式與營養攝取上的建議，為的就是提高生育力。除了試管嬰兒，我們幾乎試了所有有助懷孕的辦法。

然而，懷孕生子這個結果並不屬於我們的命運。悲傷與失落感逐月增加，而我的反應總是：我做或想錯了什麼？為什麼我無法讓它成真？每個月我都觀想自己興奮地告訴親友我懷孕了，但每個月又被傷悲打擊。這感覺就像是個宇宙的笑話：你自己教這些東西——如果你真的相信的話，你就應該能夠做到。

經過持續近兩年的努力和自我折磨，我終於放棄了這個目標。事實上，導致我放棄的正是不斷的努力——不是因為這麼努力或辛苦，而是因為它不再自然了。它不再與內心共鳴。基於這個理由，我覺得繼續前進的時候到了。雖然心痛，但我開始放下我對生小孩的夢想。

沒多久，我結識了一位經辦海外領養的律師。我先前研究過領養，但他們說我年紀太大，所以沒辦法從國內機構領養到孩子。然而，在海外領養就不是這麼回事，因此我開始了漫長而艱鉅的過程，為的就是找到一個孩子，然後把他帶回家。

信不信由你，這花了八年。由於我先生和我想領養的是難以安置的小孩，我們決定看看很少人會考慮的大孩子。由於涉及小孩心理和成長歷程的問題，這是個非常重大的決定。為了得到適當的配對，我們必須對代辦領養的機構格外要求。我們花了好一陣子才找到一間願意提供我們所有要求資料的機構，但這個等待是值得的。最後我們帶回兩個很棒的孩子：一個十一歲的男孩和一個十二歲的女孩。

十多年過去了，我們知道是注定要在一起，對於擁有彼此我們都深覺受到祝福！而我現在知道我想懷孕的願望何以沒能實現，我也明白這些努力為何會讓我跟自己的共鳴這麼失衡。我是在對抗我的命運——還有我的養子與養女的命運！但即使這樣的命運意味我不會有自己的小孩，我也必須要願意朝那個方向前進，並且對那些能跟我的心與靈魂共鳴的選項開放。

這些經驗和許多其他的經驗，在我們稱為「人生」——存在與成為、實現與放手——的美好過程中，教了我許多。經過了人生的潮起潮落，幸福和苦難，我必須說，我一直是被祝福的。我得到的最大禮物之一，就是學會活在矛盾裡——並對無常感到自在；這樣的態度帶來平靜的人生。

雖然能量可以被預測，但它也會非常隨機。混亂裡亦存在著模式，而我們真正的力量並不是在強求結果發生，而是在於瞭解。

混亂也沒問題

無論你努力的方向是什麼，重要的是能在隨機中放鬆、在無常中保持冷靜。這樣的能量遠比為了強迫你的意願發生而大發牢騷和焦慮不安更有吸引力。

學習對矛盾感到自在，因為在和宇宙法則有關的真相裡頭，就常有矛盾與無常的身影：

- 有時你知道自己要的是什麼，而且假以時日，你可以使它發生。
- 有時宇宙會給你一個你從未想過的美妙選擇。
- 有時要花很長的時間才能得到你尋找的東西，而且過程中會有許多岔路。
- 有時你的目標會立即實現，而且你發現它正如你的想像。
- 有時當你達成了目標，卻發現這個經驗和你所想的八竿子打不著。
- 有時你根本得不到你想要的。這可能令你痛苦，但你所得到的——無論是以課題的形式還是一個完全不同的結果——卻可以更有價值。

這些和其他變數都是事實。或許你會想，如果不能每次都預測出結果，又為何要運用這些法則呢？因為這些法則不只是跟結果有關；它們在整個過程中會帶給你力量，帶給你改變當下的生命品質——也就是你的經驗的本質——的力量。

心靈解答

你的意識和生命能量絕對會影響你吸引到的事物，但結果有可能是出現在一段時日之後，並以許多意想不到和不同的方式呈現。

當你把生命看作一個過程，而每一次的經驗都是彌足珍貴的墊腳石時，一切就會變得比較容易。

解答來自向前邁進、保持開放，並釋放控制的心態。

每一天都是一場歷險，每個目標都是一場實驗。許多路都通往幸福，事實上，你現在就可以朝幸福出發。

就算有幾分可預測性，若仍有其他變數，又為何要冒險？又為什麼要去意圖或努力任何事呢？這個問題的答案就在於**目標與渴望**。這就是我們在這裡的原因，以及我們繼續向前的理由。

無論你在尋找什麼，你真實的渴望裡有訊息要給你。它要告訴你的，可能會是你生命中最重要的觀點之一。傾聽你的內心，找出你的渴望想對你說些什麼，這對你，甚至這個世界，都可能意味著極大的改變和意義。

為何渴望？

有些東方哲學教導，人類的欲望是一切苦痛的根源。他們說，如果你能放下欲望與執著，你不僅能得到真正的幸福，還能達到開悟的境界。

我認為這個哲學十分迷人，而當我能夠到達放下所有渴望與執著的時刻，我就能體會到平靜，並感受到這個選擇所蘊藏的深刻智慧。有了正確的態度，真正的幸福就是來自不受束縛又不執著的人生。

但這表示每個欲望都必然是不好的嗎？我不這麼認為。想要某些東西的渴望可以是激發和啟發人心的。渴望一直以美妙甚至奇蹟般的方式驅動著人類前進。渴望造就了偉大的藝術、科學與科技上的發現，以及人道主義與心靈成長的運動。

至於個人的目標呢？我們可能不太會透過抽離或超然於人世的方式去尋求開悟，反而比較是透過夢想和渴望去追求成就。所以主要的問題在於：我們能被渴望驅動多久而不變得過度投入與執著？

吸引力的謊言

你的渴望越深，意圖越是有感染力，它就越可能成真，而且會越快發生。

真正的真相

熱忱和興奮是很棒的能量導體。但如果你的渴望變得急切或緊迫，那麼你反而是過份執著，因而創造出會破壞能量的矛盾意圖。

跟吸引力的許多問題一樣，渴望的能量會隨著你賦予它的意義而轉變。一旦你使某個東西變得太重要——或你賦予它太多價值或力量——它就會變成一種執著。事實上，你不可能迷戀任何事——無論是目標、人、物品、地方，或其他任何東西——最後卻不感到痛苦。

不斷想著並圍繞著你所執著的事物努力，會耗掉你太多能量，使得你無法維持一個真正平靜和具有真實力量的生活。當任何事破壞了你當下的平靜，它改變的不僅是事物本身的價值與意義，它也會改變你的人生，甚至你的自我認知。而這就是你會陷入的麻煩——當沒得到你所渴望的，你的渴望就能令你痛苦。

人類經驗渴望愛、智慧、創造性的表達，以及個人與事業上的成就是正常的。這些追求很健康，而且可以增進內在喜悅與平靜的感受。但當渴望消耗你的能量，使你失去喜悅與平靜時，問題就出現了。當渴望變得急迫、恐懼，你的生命力會變得薄弱；而且你的渴望會變得不健康，因此不太可能在能量領域裡獲得支持。

這是為什麼有些人對他們的夢想心灰意冷——甚至絕望——的原因之一。他們盡職地觀想他們想要的，在生活中想像它們的存在，而且每天都說肯定語。他們認為自己已經為了目標竭盡所能，可是他們並沒有意識到，自己的感受已經從投入成為迫切，從單純的渴望變成了緊迫的需求。因此，許多人不僅沒有體驗到吸引力的力量，他們反而經歷了逐漸增加的挫折感和更深的渴求。他們已經不知不覺地陷進了矛盾意圖的有害能量；而他們要求的越多，解答似乎就離他們越遠。

矛盾的意圖：渴望的困境

有些目標是受到個人意圖所驅動，像是我們對意義、智慧、發明或表達的追尋。即使是看似較世俗的意圖——像尋找愛或成為一個企業家——如果你的渴望是平衡的，且能榮耀自己和他人，那麼它的能量就是純淨的。在能量領域與真實世界裡，這種發自內心的共鳴較有可能成功。儘管有許多變數，而且結果可能不會以你想像的確切時間和方式成形，但信任與臣服的能量會使目標達成的機會大為提升。

另一方面，假使你的渴望是受到迫切、小我或是恐懼的驅使，你得償所願的可能性將急劇下降。當然，你也許可以找到你想要的愛情或開創了事業，但你在那些被認知的成就裡所體驗到的，可能和你尋找的完全不同。關鍵就在於，透過你附加在渴望上的意義，你若不是推動就是破壞你的渴望。

矛盾意圖法則說，你越是迫切地想讓某事發生，你那需求的能量就越會將目標推開，並創造出跟你的意圖背道而馳——或相互矛盾——的情況。然而你越是放手，並理解到你的渴望只是另一個增進你已經幸福的人生的方法，你就越能吸引到令人開心的結果。

我們都至少有過一次這樣的經驗。我們急切地渴望某樣東西，以致它成了我們所有注意力、情緒和時間的導航燈塔。我們深信這個深切的渴望必須被實現。遺憾的是，我們沒有意識到我們可能因此在自己的路上設下了路障，創造出有害的執著絆腳石。

矛盾意圖法則對我們的塵世經驗是股強大的力量和活躍的影響力。多數人在陷入這種負面能量時毫無覺察，但意識到吸引力與顯化法則的這塊必要拼圖相當重要。

要明白這些，你需要問自己：**達成這個目標對我的意義是什麼**？你對動機的覺察可以改變一切。如果你需要有某樣東西才會快樂，那你現在絕對是不快樂的。如果你相信你的目標會帶來圓滿或安全感，那麼你就注定感到不完整和不安全。這個矛盾之處就在於，你越是迫切地追求某樣東西，你那需求和焦慮的生命力就越會阻礙它的到來。

迫切的紅旗

我在自己和個案的生活裡就見識過無數次矛盾意圖的影響力。當你迫切需求某件事物時，你的能量會把它推開；但當你放下執著，它（或甚至某個更好的東西）就會出現在眼前。這可能看來像個宇宙的玩笑，但避免這種結果反轉的現象發生，並不是我們要釋放這類自我破壞模式的唯一理由。

迫切的心態對你的目標有害，但更重要的是它對你的生活所造成的影響。你賦予目標的非比尋常的意義會持續刺激你，並產生不快樂的能量情緒，深深影響你的日常體驗。這條痛苦的河流會把你帶到意外和未知的能量與情緒。你越是急迫，不快樂情緒的流速就越快，因而成為你生命中的主要方向。

心靈解答

意識的力量可以幫助你釋放迫切與絕望。如果不去覺察你的意識，你的需求和沮喪將造成持續的問題——而不只是一個隨週期過去的暫時混亂。

透過改變你所賦予目標的意義，你就能轉變你整個的生命經驗——和你的結果。

花些時間回答以下問題：

- 你的目標對你有何意義？

- 當你想到你的目標，你是覺得平靜和充滿熱情，還是迫切而需求？
- 哪種情緒比較可能帶來成功？

記住，你賦予目標的意義和你對目標的執著，若非協助，就是阻礙你實現目標。接下來的五個危險信念是你進入矛盾意圖海域的重要徵兆。認出你的警示紅旗，然後運用寫在每個項目後的心靈解答，幫助自己航向較為平靜的海域。如果你的意圖真誠且一致，你很快就會發現事情將一帆風順。

迫切的信念1：我要有它才會快樂。

這是你可能落入的最常見的自我破壞能量。它的問題在於，這個信念明白地告訴宇宙和你自己，你現在沒辦法快樂。你的能量訊息很清楚：別費事送我任何東西；我還無福消受。這個結論不僅會破壞你平日生活的品質，你因為渴望未來的未知事物，放棄了當下的平靜與喜悅的這個選擇，還會為你的人生帶來痛苦。這不只會產生不利於實現渴望的阻力，更會妨礙其他美好事物的發生。

心靈解答

我每天都創造自己的幸福。

我選擇現在就在自己內心和生活裡找到並吸引更多喜悅。

幸福不單單是依據你生活裡的外在事件而體驗到的短暫經驗。它是一種無處不在的態度，是一種不論外在世界如何，你都可以選擇怎麼生活的狀態。

喚醒自己在每一刻都能喜悅的潛力是你的責任。認出每一個幸福的機會，然後感恩自己擁有這些機會。

去創造真正快樂的意圖——而非只是享樂——讓快樂成為你生活中最主要的生活品質之一。不要等待！去做，去選擇，**現在**就開始活出你的人生！

迫切的信念2：如果我能讓它成真，我對自己的感覺就會好上許多。

許多人透過某種成就來尋求他們的自我肯定。無論是擁有一段關係、獲得學位或升遷，或就只是減重，他們相信有所成就會讓他們接受自己。

設定這樣的前提實在很危險！無論你達成什麼，你都會繼續把你的自尊寄望於外在的人事物上。如此一來，努力和尋求認同永遠不會結束，直到你選擇永遠都肯定自己。

心靈解答

原本的我就值得被自己接受。

我選擇現在就無條件地去愛自己和看重自己。

成為自我肯定的源頭對於幸福和充滿磁性的生命力是絕對必要的。你值得被自己看重，因此你需要每天肯定自己值得尊重的真相、肯定你的價值與力量。

真正愛自己的意識或許就是你能建立的最重要的意識了。肯定這點並且好好深思。讓它在你對自己的觀點、對待自己的方式，以及你對所有目標的態度上，都成為發自內心的態度。

迫切的信念3：這會讓別人知道我究竟有多棒。

你可能沒有意識到這點，但你或許把你的目標當作一種向他人表現你的價值、智力、優點或才華的方式。這個信念和自我認可的元素密切相連，但它事實上卻是製造了更多的對抗與迫切。

想要表達自己、想要展現自己的才華與才智是自然的，可是當你需要某些外在成就才能知道這些東西是真實的，是確實存在的時候，你就在毒害圍繞在目標周圍的能量和意圖了。

每當你需要任何身外之物來向這世界或自己展現你有多麼珍貴時，你就是為它附加了過多的意義。純粹為目標本身努力，而不是用它來證明你的價值，你將會驚訝這個態度所造成的不同。

心靈解答

現在的我就是有價值又值得的。

當我為自己跟這個世界帶來榮耀與愛，我所做的一切全都值得。

任何身外之物都無法增加你本有的內在價值。你的內在價值是與生俱來的，它源自於你的神性傳承和靈魂的永恆身分。你選擇去做的事可能對這世界很重要，但如果你只是為了抬高自己身價而做，它的能量就會遭到污染。

冀求榮耀——而非光環——將為你和我們所有人帶來更多這兩種振動。

迫切的信念4：我的人生缺了這個就不完整。

當你用某個成就來定義自己或讓自己的人生圓滿，你是在走鋼索。如果目標沒有達成，怎麼辦？就算達成了，萬一它消失了呢？

選擇以身外之物來定義自己會消耗你的力量，使你的能量性質轉為需求和負面。畢竟，你若認為你的人生並不圓滿，你就不可能真心感謝你擁有的一切，而缺乏當下的感恩，你就無法吸引好事。

心靈解答

只有我能定義自己。

我每天都過著豐富完整的生活。

就跟接納自我與看重、尊重自己一樣，你絕對要選擇個別地、內在地和永恆地來定義自己。目標無法定義你——工作或任何人也是。你的自我定義比這些都重要，而且還超越它們。如果你堅持前述的錯誤信念，你將只會感到失望，因為塵世中的一切——所有一切——都是短暫無常。

因此，去探索更深層的意義；尋找來自更高源頭的價值與圓滿！深入研究你的永恆心靈與靈魂，並且記得你是誰（你的真實身分）！

迫切的信念5：這是我唯一的選擇……要是它沒發生，我就完了。

你可能變得過於急迫，以致對你想實現的事有了非有即無的極端看法。這會使得需求及迫切的程度更嚴重。當你相信只有一個解決方案時，你會變得慌亂，而且你的生命力也會變得焦躁不安，進而使恐懼的能量阻礙你實現夢想的可能。不只如此，它也限制了你的選擇、接受能力、彈性和創造力。因此，這個態度對你的幸福和目標來說，完全是一場災難。

心靈解答

我有很多選擇。我有彈性並樂於看到我有許多選擇。

我現在就能夠快樂。

一個問題絕不會只有一個人、一個工作或一個答案可以解決。你的人生有許多路可走，而且你永遠不會知道前方有什麼在等候。

打開心，接受心靈的指引和宇宙的豐盛。永遠要記得，無需依附任何事物就能幸福的選擇早已存在。

在吸引力的過程中，臣服是關鍵要素。就生命本身而言，它也是一個很棒的工具。臣服的意思不是放棄；它只是意味超然，也就是放下過度投入以及對控制的需求。這些都是真正令你不開心的事，所以為什麼緊抓它們不放？

當你將人生的情緒品質投注在特定的外在成果，你便是讓自己任由外界擺佈。然而，生命中最偉大的目標之一就是**冷靜沉著**——在不仰賴任何外在因素的情況下，建立起**內在的平靜**。這個關鍵在於：平靜和超然的態度在世上創造出溫和美好的振動，你尋求的身外之物就必然會開始向你流動。如果你是處在有些挑戰的週期，你也永遠會有內在的清明與智慧，幫助你以靈魂的力量與彈性做出回應。

你可能很投入於這個物質世界的運作，但請牢記：你的心靈能提供解答。讓它的光、它的愛和永恆的力量成為你最渴望的目標。你絕對可以信任你的靈魂，它是你能毫不遲疑地連結的有力真相。事實上，在生命的所有謎團裡，最能為你帶來力量與決心的，就是你永恆的靈魂。

因此，花點時間，把一切放下，去感受單純的臣服所帶來的平靜。

放下恐懼，保持平靜。你的靈魂正在內心深處低語。

細細傾聽，你知道，它有你要的答案。

第二部

創造的奧秘

從科學和數以百萬計的心靈體驗，

我們發現自己在蘊藏無限驚奇的宇宙裡，擁有無盡的覺醒能力。

——瑪莉蓮·弗格森[1]

1 譯注：Marilyn Ferguson，1938~2008，美國知名作家暨演說家，1980年出版的《寶瓶同謀》為其代表著作。

第五章 生命、法則與一體感

「我認為，這正是具有遠見之士與詩人看待一切的方式——就像初次看到一樣。每天早晨出現在他們眼前的是一個嶄新的世界；他們不是真的看見這個世界，而是創造了這個世界。」

——尼可斯・卡山札契斯[2]

讀到這裡，你或許想知道吸引力究竟是怎麼一回事。想瞭解這點，退一步檢視全局會很有幫助。如你從前面章節所瞭解的，吸引力的運作過程遠比多數人認為的還要複雜，而且事情並不總是它們看上去的那樣。

站在地球上看，地球是平的，你周遭的顏色隨著位置與季節而變化。但從外太空看地球，地球是圓球形體；由於主要的元素是水，它看上去是藍色的。在地球上，你可能正看到冬日黯淡的大地與灰濛濛的天空；但從遠處來看，你的家園是個美麗的藍色球體，有著朵朵白雲飄移環繞。

你的能量也是如此——置身其中跟退一步觀看全貌會有不同的體驗。有太多需要考慮的層面，包括內在與外在。完整的影像讓我們看得更清楚，使你對所在的位置和你的能量所顯示的自己有更多瞭解。

因此，如果你是自己的小星球，從遠處看，你會是什麼模樣？你的能量是像火星一樣小和紅？你的存在是大得像木星？或者你被周遭的影響所圍繞，就像土星環那樣？

現在先暫且離開你眼前的問題，來看看跟你整個人生有關的整體全貌。

體現人生

我們稱為人生的過程確實非常神秘。有些事理所當然，像是白晝之後必是黑夜這樣的事實，還有春季下雨的可能性較大這類的事。然而，還是有太多太多無法預測的變數，而這正是讓我們迷失的地方。

人們害怕未知——這是為什麼他們留在自己不喜歡的情況裡。因為這麼做給了他們一種錯誤的知道感受，他們認為，如果我停在原處，我能夠預測會發生什麼事。他們因為被想要確定和錯誤的掌控欲驅動，使得他們願意放棄真正的力量和他們對事物的控制權，而不去接受生命裡的不確定性或看到未知裡的冒險。

認為自己可以決定未來，依意願指揮人生中的所有事件是很誘人的想法。事實上，你的確有

2 譯注：Nikos Kazantzakis，一八八三～一九五七，二十世紀希臘最重要的作家暨哲學家之一，《希臘左巴》為其代表作品。

能力規劃跟設想你所渴望的結果。然而，看到全局，考量到所有因素，並體認到仍有許多我們不知道的事也很重要。當你使用個人力量，並對未知的變數保持開放，你便是走在指揮與觀察、允許與學習的中道上。

將你的目標定義為全貌的一部分而不是主要事件，這樣的態度事實上會使人自由。當你著眼在過程而不是問題的時候，你就不會過度焦慮。當你專注於你存在的整體，而不是把想法侷限在你希望在近期發生的事，這樣的態度也會賦予你力量，並帶給你啟發。

事實上，如果你想將吸引力法則運用到極致，這個整體做法就是該有的方式。生命裡的一切都是能量，而你的振動是這個世界裡可以被覺察，而且有影響力的舉足輕重的存在。要發揮全部的能量，你必須考慮到人生的每個面向。如果你把所有注意力都放在單一目標上，你不僅會錯失美妙的機緣和當下的體驗，你還會錯過能帶來深刻清明與成長的重要課題，甚至是正在別處等候你的喜悅。

也別忽略了自己的生活！在你為了讓事情更好而拼命努力時，把自己當成局外人並不明智。

每一天，你都在編織你的人世經驗，因此把你的一生當成你的整體目標會更有效益。你所經驗的每個部分都值得你的努力；當你從更宏大的觀點來看，所有因素也似乎更明朗。從這個開放和有趣的角度，你將注意到你從未想過的事，你也會從吸引力法則跟所有的創造元素中得到力量。

創造命運的五大要素

正如量子物理學有許多理論、法則和現象，人類的經驗也受到許多作用的影響。當你研究自然和物理事件時，你會看到像是「弱力與強力」、「不確定性」、「渾沌」和「複雜性」之類的術語，而這些只是物理世界裡許多令人驚歎的原理中的幾個而已。

對於宇宙的這些面向，我們還有很多要學習的。而在我們稱為人生的歷程中，人類能量的運作也有許多——或許更多——需要發現的地方。無論如何，我們至少可以研究我們知道的，然後看看吸引力拼圖的不同部分是如何組合起來。

以下是影響我們創造命運的主要五大作用：

1. 吸引力法則
2. 靈魂意圖與週期
3. 生命週期
4. 業力週期
5. 共享意識

這些作用對我們**什麼時候**、**如何**與**為什麼**得到我們的結果有一定的影響。接下來我們會仔細探討每個項目，但首先，讓我們來大致瞭解影響吸引力的要素。

要素一：吸引力法則

雖然有許多與吸引力有關的法則，由於它們都是基於你的個人意識、能量和意圖的力量，所以它們是共同運作。每個法則回應你生命裡特定的因和果，這部分我稍後會在本章討論。重要的是記得，法則代表可能／潛在的模式，是一股可以用來協助你前進的強大力量。雖然吸引力法則並非創造命運的唯一要素，但記得並瞭解它們的目的，將有效地協助你成功處理你在人生可能面臨的一切問題。

要素二：靈魂意圖與週期

你可以否認，但你確實有個永恆的身分；而且你的靈魂有它自己的意圖。可惜的是，這些意圖可能截然不同於你想要賺錢或功成名就的個人意圖。雖然有這樣的分歧，靈魂在你的人生體驗裡卻可以是股驅動力。如果你不考慮或是摒棄了它，你就忽視了吸引力拼圖裡很重要的一塊。

你可能會納悶自己為什麼遇到某事，你可以探究你的能量與思想，但你可能需要更進一步地探討。事實上，你的靈魂握有已經發生與即將發生的事情的鑰匙。真相是，當你的靈魂意圖與你的目標一致時，你便能解開一切奧秘，打開通往終極豐盛的大門。

要素三：生命週期

就心靈而言，我們確實擁有無限的力量，而且我相信，有一天我們單憑思想就能超越塵世生活的界限。有一天，我們都可能可以在天際遨翔，在水面行走，而且長生不死。但在現在這個時候，我們已經按這個肉體經驗的一般規定，簽下了生存契約——這意味著出生、死亡、衰老，與有時的病痛。這些只是我們的命運所承載的一些人生週期。即使是在這些經驗裡，我們依然有能力創造出偉大的奇蹟。我們只是需要知道要如何把意識帶進每個週期，來處理和療癒真實的事物。

要素四：業力週期

你的能量會改變，但不會結束。

你的永恆意識會記錄並攜帶你所經歷過的每一次人世資料。這些加密的資料與振頻記憶，對你今天所吸引到的事物可能有極大影響。但是，這些昔日創傷和困難都可以被清除和釋放，並在當下產生更多力量，啟動更光明的未來。

要素五：共享意識

身為人類，我們有各種不同的連結。我們跟家人、同事、社區，以及我們甚至沒察覺到的團體相繫。我們所共享的能量會影響我們的個人道路。這就是共享意識的力量；一個匯聚力量並把力量擴展到超越我們認知範圍的動能渦旋。

在本章和接下來的幾章裡，我們將探討共享意識的元素，瞭解它是如何衝擊我們的生活，並且學習如何以有效和有益的方式處理共享意識。

是的，我們全都影響著彼此——而且，我們一起引領這個世界的命運。

在我們不斷的人生經驗裡，以上的因素都是重要的影響力。瞭解它們的存在，對於我們的人生歷程與幸福的重要性，可以用三個理由來說明。

首先，它使我們擺脫小我並去探究事物的更高意義。其次，這個客觀的概述幫助我們釋放自責，並變得更主動積極。最後，瞭解這些影響因素可以讓我們更容易地改變想法與意識，因為我們擁有我們所需的資料。

當人生遇到阻礙，我們不必恐慌。相反地，我們可以停下來檢視全局，查看所有運作中的元素。與其挑自己毛病，不如取回自己的力量，然後把所有法則應用在所處的情勢裡。當我們以**清明的眼光**看待事物，並對任何情況都**明智的詮釋**和採取**自我實踐**的計畫時，我們終將突破外在的障礙和內在的阻力模式。帶著這種自覺的態度，我們便能採取必要步驟，邁向更美好的生活。

法則的實踐

至少有七種吸引力的法則代表人類經驗裡的能量與意識模式。當你將它們應用在你對信念、行為與生活方式的選擇時，它們是非常強大的工具。

然而，不要太從字面去看待「法則」這個隱喻。它們並不是那種你不遵循就會受罰的法律規定。它們較像自然規律，是用來指出物質世界的某些可預測性。它們跟萬有引力的定律類似，公正中立而不是懲罰性。

如果你把雞蛋掉在地上，引力定律不會因為要懲罰你而把雞蛋弄碎。不會的，雞蛋會碎不過是對在宇宙運行的法則的自然反應。

吸引力法則也是如此，它並沒有懲罰。一切只是你的能量和意識在這個世界的活動所產生的作用；你的能量和意識對這些法則跟其他影響元素的回應而已，為的是幫助形成你的生命體驗。

這是為什麼瞭解所有法則的本質是這麼重要。你的意識、能量和意圖，在這世上是非常真實的力量。我們確實有可能覺醒並瞭解到自己可以改變回應，而不是過著沒有覺察的生活，繼續在無意識下做出反應。我們可以在沒有執著和不自責的情況下，溫和地轉變想法與信念。

當你對所有的法則採取明智而積極的態度，你就能轉化人生的性質。

1. 顯化法則

這個吸引力法則是以一股在這個世界和你的生活裡都十分重要且活躍的力量為基礎。現代物理學家接受意識創造實相的理論，這個理論可以被應用在每一件事，從宇宙的開始到人類的個體經驗，它都一體適用。

顯化法則

這個法則說明你的意識創造你的實相。它投射在你的自我觀、世界觀和預期上，並將你和你生命力的全息影像發送到這個世界。這樣的全面瞭解很有力量。因為即使是意識上的小轉變，也能為結果創造出戲劇性的變化。

關鍵要素

正向的自我觀和世界觀，以及充滿活力和樂觀的生命力。

如前面所討論的，成功指的不單是特定想法所帶來的特定成果，它是投射出一股滿載正面影像的生命力，並且充滿自愛、自信和樂觀。由於你的意識主要是基於你對自己的看法和你的個人期望，如果你總是批判自己並對未來感到悲觀，你就很難創造成功。但是，你能夠透過有意地提升覺察力，並對自己、對周遭環境跟未來都抱持比較正面的看法來轉化你的意識，並因此協助轉變你所創造的實相。

你最強大的改變力量就存在於你的覺察裡。即使你無法改變所處的局面，你仍然可以轉變你對它的看法。畢竟，最終決定你的經驗品質跟生命力量的，不是境遇本身，而是**你對周遭事物的詮釋**。

我的人生見證過許多次「意識創造實相」法則的成功運作。有個故事是跟韋恩．戴爾博士（Dr. Wayne W. Dyer）有關，他是位傑出的作家，也是鼓舞人心的勵志演說家。

約莫二十年前，我參加了一場請到韋恩與其他幾位作家演講的研討會。在演說中，韋恩提及前一晚他和其他作者在晚宴上討論到的話題。我心想，有一天我要跟韋恩在研討會上同台演說，並和他及其他作者共進晚餐。我甚至花了些時間觀想，但沒想它會怎麼發生，然後我就放下了這個念頭。

在那之後我並沒有多想，主要是因為當時我整個生命力已專注在對我來說更重要的事上——教導真正的愛自己，以及個人意識與能量的原理。我當時自費出版書籍，甚至辦免費講座。我對這個主題十分熱衷，而且我真心想與他人分享，幫助人們改善生活。

我後來又去聽了幾次韋恩的演說，每次我總會想起以前的那個念頭。有時我可以感覺它在發生，有時就是沒半點共鳴。然而會是怎樣都沒關係，因為我全部的生活已被個人目標和熱情的意識所驅動。

一路走來，我的事業遇到許多阻礙與耽擱，但我保持樂觀的態度，我也因為深受過程和資料的啟發，得以繼續前行。在浮現跟韋恩同台的意圖約十年後，我那很棒的賀屋出版社挑中了我的第一本著作。就在我的著作被出版前沒多久，韋恩也因轉換出版社而加入賀屋。幾年後，我發現自己在「賀屋之我能做到」（Hay House I Can Do It!®）研討會上，與韋恩及多位傑出人士一起演說。在週末的作者晚宴上，我告訴他我那以前的意圖。

我說，「很久前，我曾經觀想我們同台演說並共進晚餐……」

他跳了起來，給我一個擁抱，然後接著我的話說：「果真我們就在這兒了。」

這只是我遇過的許多有趣經驗之一，但它展現了我們的意識是如何創造實相。一個稍縱即逝的意圖——被目標所驅動的生命力支持——就能讓事情發生。

因此，請用正面的自我認知和樂觀堅毅的世界觀為基礎，規劃自己的意識。溫和地放下任何悲觀的想法，同時記得，你可以決定什麼對你才是真相。將你的整體人生優先於任何個別的結果；然後用熱情、熱忱、愛自己，填滿你的每一天！

2. 磁性法則

前面的第一個法則是跟創造和顯化有關，這個法則談的則是吸引力。就字面意義來看，這就是多數人所認為的唯一一個吸引力法則，而它的原理確實是以能量——你的能量——的交換與回報為基礎。

磁性法則陳述的是，宇宙將你所發出的跟自己有關的能量回送給你。

跟自己有關的這部分是許多人遺漏的重點。你的自我對待、自我關愛與自我對話，是你的情緒和能量共鳴的重要來源。

關鍵要素

榮耀自我、尊重自己，對真正的幸福負起個人責任。

你所回收到的能量會反映兩件事：你如何對待自己，以及你為自己現在的幸福負起了多少責任。如果你不先對自己好，你就很難從宇宙接收到良好的對待和優先的考量——而如果你總是悶悶不樂，想吸引到快樂的事也一樣困難。

無論如何，清理能量需要的不僅是隨機或隨性地改變你的想法。你必須對你的不快樂追根究底，你必須改變你一直活在其中的謊言，並開始安住於真相裡。我們在第三部會對此做更深入的探討，但現在，請記得尊重自我與榮耀的議題。當它們融入你特色鮮明的個人共振時，你將驚訝於你對自己的感覺改善許多，而且你很快就會看到令人開心的回報。

你的情緒共鳴也組成了你的個人振動。如果你老是不開心，要不要改變的決定是在於你。但許多人都在這裡走岔了。他們混淆了樂趣跟真實幸福的意義，最後讓自己完全脫離正軌。

當你閱讀吸引力法則的相關書籍時，你常被教導，唯有在當下感覺良好才能吸引好事。我明白這個忠告的用意良善，它鼓勵你從不開心轉換到喜悅，目的是改變你的情緒共鳴；但不知怎地，有些重要元素卻在這個詮釋的過程中遺失或喪失了原意。

當然，創造出正面和喜悅的情感共鳴非常重要，但它不是僅僅透過感覺良好或是否認那些讓你不開心的事就能做到。它得透過解決問題才能完成。真正的幸福並非權宜之計。你必須探究問題的根源，並以尊重自己和他人的方式處理。逃避現實、一味否認，甚至盲目制式地說著肯定語並沒有用。你必須觸及問題核心，同時承擔起療癒它的責任。

最近我聽到的一件令人詫異的事，就跟感覺要良好的建議有關，可是卻變了調。一位四十多歲的男子在讀了一些跟吸引力法則有關的書籍後，認為自己並不快樂，他也不想再投射出那些負面的振動。為了讓自己有好的感受，他領出積蓄，拋下妻子與兩名幼兒，跟一位他剛認識的妙齡女子去了熱帶旅遊。他這麼做是因為他不開心，但他從沒有真心情願地想找出原因。此刻的他可能一時間會比較快樂，可是他的能量牴觸了太多法則，我可以保證他的快樂不會持續太久。

真正的幸福是一種生活的態度。它是願意去看到價值、欣賞和感謝生命裡的祝福，並以適當和光榮的方法解決問題的意願。當然，如果你目前所處的情況使你無法尊重自己，你就必須處理那個情況——甚至可能需要離開，但是請依照健康和適當的步驟進行。你可以從研究怎麼做能為自己和生活帶來更多榮耀的選擇開始，同時每天起床時，為自己的幸福負起責任。這兩種行動都能創造出對他人和宇宙具有吸引力的美好振動。

3. 純淨渴望法則

其他法則反映你的意識與能量，這個法則則是回應你的意圖。

純淨渴望法則指出正面的結果是源自純淨和清晰的意圖。它們不是基於恐懼或操弄。在純淨的渴望裡所擬定的目標是健康、有彈性的，而且目的是在於提升——而不是完整——你的生命。

關鍵要素

真誠的動機、信任和不矛盾的意圖。

當你追求目標是出於恐懼，你就使它們陷入了能輕易破壞結果的有害能量裡。但如果你的動機真誠——如果目標健康，而且目的在於讓你已經快樂的人生更加快樂——那麼環繞在你的渴望周遭的振動，便是純淨而有磁性的。

為了保持渴望的清晰，覺察自己內心是否有背道而馳的想法也很重要。妳可能會說妳想要一個老公，卻又認為世上沒好男人。你可能打算找個工作，卻一直跟自己說沒人要請人。

這些都是矛盾的意圖。它們會製造恐懼、分裂你的動機、打散你的能量。在如此對立的意圖裡，宇宙根本不曉得該服務哪個。它是要順應你想覓得好男人的渴望？還是要回應那個他並不存在的信念？你所發出的混雜訊息會抵銷掉你的意圖。純淨的渴望是以信任為基礎，而且意圖明確、不矛盾。當你把這樣的能量帶進你的追尋過程，你得到的會是有益的結果——甚至會加速實現。

我有位朋友最近才在生活中見證這個法則的力量。珍妮的工作老是出狀況。不是職位難找、不合己意，就是又得離職。因此，她只要一失業就變得既絕望又恐慌。

這個困境去年再次出現。她的部門遭到裁撤，她不得不另謀高就。然而，這次她有不同的做法。她不但沒有恐慌，反而處事有條不紊且對未來充滿信任。她向許多地方投履歷，也聯絡老同事，看看業界有沒有職缺。

幾個月內，珍妮就找到了喜歡的工作。不僅如此，她還在一年內買了生平第一棟房子。她過去總是不肯置產，因為她擔心自己無法處理這種責任，甚至不確定自己能不能如期交款。但現在，她繼續扭轉恐懼的能量，並且強化她對自己和對意圖的嶄新信任感。

你也可以跟珍妮一樣，改變疑惑與恐懼的舊模式，然後落實純淨渴望的關鍵要素。透過放下矛盾的意圖並出於真誠的動機和信任宇宙的態度，你就能加速實現結果。而且，你還能避開下一個法則的負面模式。

4. 矛盾意圖法則

這個法則同樣跟你的動機有關，它要求你的動機不是出於絕望和迫切。雖然我們在第三和第四章已經探討過矛盾意圖法則的危險能量，在這裡還是回顧一下重點。

矛盾意圖法則說，你越是渴望實現某個目標，迫切與需求的能量越是會破壞你想要的結果並將它推開。

關鍵要素

透過自我實踐和平靜的追求，放下執著與迫切。

我們多數人一生中都有過想拼命達成某件事的經驗。我們認為我們需要那個特定的人或事才會快樂。不幸的是，這個迫切的需求反會使我們痛苦，以致全然扭曲了我們的磁性能量。它創造出焦慮、不幸，甚至絕望的感受，這絕不是那種能帶給我們喜悅與正面結果的能量。簡言之，迫切對達成渴望是有害的。

問題的解答在於，**追求你的目標，卻不假定或認為你的幸福必須依附它們**。正如你從其他法則所學到的，幸福對你的生命力是很重要的核心振動。因此，你如果為了等待某個未來事件而擱置幸福，那麼缺乏喜悅的當下將使你無法在未來獲得幸福快樂的結果。

但是，你可以透過改變態度來改變結果。放下絕望和迫切，用決心取而代之。以平靜且堅持不懈的方式追求目標，而且無論要花多久時間都願意並樂於享受這個過程。你可能需要保持彈性，重新調整計畫，可是當你把自己打造幸福當成你現在的態度，你將變得更有創意和效益，並且更能堅持到底。

我有一位想懷孕的個案米蘭達就是如此。他們夫妻倆太想要小孩，以致她一直生活在焦慮和挫折裡。經過近兩年徒勞無功的嘗試，他們決定放下這個需求。他們想好好放鬆，於是去度了假。他們觀光遊覽，享受按摩，度過一段十分愉悅又愜意的時光。他們也心平氣和地面對了這個放下的決定——不過故事還沒結束。

度假回來大約一個月後，米蘭達發現她懷孕了。她和先生因為已經放下了對懷孕的極度渴望，也接受了其他方式所帶來的生活樂趣，一旦米蘭達能夠全然放鬆，她便扭轉了匱乏和需求的能量，因此得償宿願。現在她有一個漂亮的男寶寶，而且她說，她再也不會讓自己拼命渴求任何事情了。

矛盾意圖的能量常有這種情形：當你放下執著、交出你的需求，有利的結果就會出現在你的生活。更重要的是，當你能夠真正的臣服，你會知道幸福乃由內而生；幸福的源頭就在你心裡——而非基於任何外在事物。

5. 和諧法則

這個法則揭示你如何使自己跟宇宙的能量同步一致。透過創造出更和諧的振動，你就能進入豐盛的自然節奏。

和諧法則說，當你活在平靜與平衡裡，你便進入了與源頭能量一致的狀態。透過有意識地減少內心及生活裡的衝突，你便將你的振動提升到吸引力與顯化的較高層次。

關鍵要素

有助個人平衡與獲得內心及外在平靜的選擇，以及與所有人平等和連結的感受。

和諧的第一個形式便是跟自己和平相處。選擇放下內心的衝突，為你每一天的決定帶來更大的平衡感，並使當下的平靜成為一個真實的意圖。透過釋放憂慮、對抗，以及對自己的敵意，你可以創造出更和諧的個人共振。

與他人和諧則是要先意識到我們每個人都彼此連結、都同樣有價值，而且都值得被尊重。如果你希望你的生活帶著平靜而非衝突的振動，這就是你必須接受的重要真理。接受自己和別人會使你站在平等的立足點，它會賦予你力量，而這樣的連結也會從意想不到的地方為你帶來支持。

最後，要讓自己跟神聖意識和宇宙的一切調諧。這樣的連結所帶來的平靜無可阻擋。當你認知到神性存在於你心裡和周遭一切事物時，你就能感受到愛與寧靜。

當你在和諧狀態，你的能量會與永恆的真相一起振動，而這個真相將連結你的意圖與創造的力量。

6. 正確行動法則

這個法則最常被稱為因果法則。它跟磁性法則類似，但在這個法則裡，宇宙送回的能量反映的不是你對待自己的方式，而是你投射到他人身上的東西。

正確行動法則說，你越是以重視、榮耀、尊嚴與慈悲對待他人，越多這些美好的能量就會回到你身上。

關鍵要素

尊重和仁慈的行為、充滿愛的意圖，以及誠實、正直。

正確行動法則要求你善待自己，對他人則要關心、有禮。你如何對待自己和他人，對你的能量品質有很大的影響。

尊重和榮耀自己提供了你真實力量的核心，而對他人慈悲，事實上增加了你在這個世界的力量。相反地，恐懼他人令你感覺沒有力量；批判並對他人懷有敵意，則會降低你在榮譽與尊嚴上的振動。當要選擇做出正確的行動時，你必須記得，尊重是雙向的。

正直、慈悲、關懷和帶著愛的意圖會激發這個法則的成效。愛是恆久又有意識的選擇。當愛自由擴展，它無與倫比的能量會同時朝內和外擴散移動。關懷他人並不表示你必須否定自己；它事實上會擴大你對愛的體驗。

愛的意圖充滿了溫柔、寬容與慈悲。無論是對自己或是摯愛和友人——或甚至全體人類——每一個愛的意念都會編織出心與心的連結，將你融入愛的能量的創造力流動。這是股流暢且強大的能量，它穿透這個世界，創造美好結果。

你帶給身邊的人的愛與尊重，將以倍數回到你身上。你選擇參與慈悲與正確行動的決定，會被宇宙的共享意識深深感激，而你所收到的祝福將會反映這點。

7. 擴展的影響力法則

這個法則顯示他人的能量如何影響你，而你的能量又是如何向外延伸，進而影響你生命中的人和所有靈魂。

> **擴展的影響力法則**揭示，你的個人能量會在這世界擴展。它除了創造出你個人的結果，一般而言，你所採取的態度與行動也會決定他人的生活與這個世界的狀況。

反過來說，他人的能量也會影響你的經驗。這個法則適用於每個人，尤其是跟你有關的人——像是家人、朋友、同事及所屬的各類團體。

關鍵要素

和諧的共享意識與個人意識、對能量模式覺察力的提升，以及擴展、連結和影響。

為了獲得真正的成功，瞭解所有法則裡細緻且微妙的差異是必要的，而其中又以這個法則特別重要。你的能量場會被周遭人士所影響，而由於量子互聯性（quantum interconnectedness）的現象，你對他們也有同樣的作用。這意味著，跟你同個圈子的人會協助提升或降低你發送到這個世界的振動品質。因此，你對經常往來的人的能量要有所覺察（但不要執著）。如果可以，減少跟總是擔心害怕或苛刻、批評成性的人接觸。劃出界限，並表達你希望能更平靜和樂觀。

有時你可能因為家庭關係或工作環境，必須跟態度不那麼正面的人相處。不必太過苦惱。請觀想自己在一個光的泡泡裡，負面能量一碰到這個泡泡就會彈開並化為烏有。如果談話內容變得過於悲觀，你可以說：「我不想討論這些。」然後離開。

當你要離開那類負面互動時，永遠要觀想自己把負面能量留在身後。走出門口時，祝福每個相關的人。以肯定語陳述自己不受到他們的影響，並且選擇在生活中創造快樂與鼓舞人心的能量。你決定什麼榮耀你，什麼使你感到光榮，然後追隨你的直覺。

要知道，你的行動能量也會擴展。如果你正在努力達成某項目標，請儘可能往多種不同方向嘗試。不要慌亂，好好研究你有的選擇。如果一條路行不通，試試另一條。答案可能不會以你預期的方式出現，可是你擴展的行動會告訴宇宙，你是嚴肅看待你的意圖，而且你接受宇宙提供的各種結果。

共享意識與創造命運

在擴展的影響力法則裡，還有一個更重要的元素——共享意識。這個現象指的不單是朋友與熟人的能量影響或衝擊，它代表了我們對這個世界的影響——以及這個世界的能量對我們的作用。沒錯！你和我竟然能左右整個世界的共同命運！

這個全球性的影響是一種被稱為M場的作用，它是形態生成場（Morphogenetic field）這個術語的縮寫，是英國生物學家魯伯特．謝爾瑞克（Rupert Sheldrake）在他的《生命的新科學》（*A New Science of Life*）書裡所創。基本上，這是指身為個體的我們提供訊息與能量到龐大意識場的現象。那些意識場域於是在全人類的共享意識裡擴展。

我們每個人都向群體意識貢獻自己獨特的振動。當某形態的能量越是被送進這個場域，它的動能就越大，然後在這個被稱為形態共振（morphic resonance）的過程中擴展。當達到一個關鍵數量，特定的能量開始向外擴散，進而影響地球上的每一個人。

我們常會在團體和社會運動裡看到共享意識的現象。譬如資訊時代裡的啟蒙運動、文藝復興、工業革命和近期的數位時代，它們都因為在動能上成長，因此改變了這個世界的面貌與命運。

事實上，即使是現在，我們的世界也在改變。你有沒有注意到時間似乎加快了速度？一切都在加速；從速食到高速網路，大家在用更少的時間做更多的事。我跟許多各年齡層的人談過，幾乎每個人都注意到這個現象。他們覺得自己就像在跑步機上——有更多的工作，要付出更多心力，但時間與閒暇卻越來越少。

也許這是網路的擴展影響力的作用，但我們似乎被捲進一個充滿迫切感的集體下意識裡。由於感覺到時間加速，我們匆忙過日子，以急迫餵養M場，導致加速的情形更嚴重。這很諷刺，因為在工作與溝通上對速度的要求，反而使得個體更加孤立——這是另一種似乎在逐漸增強的M場能量。

我們都像被捲入這個加速的意識，但遏制這個特定形態的共振動能將是件非常重要的事。為了個體的健康與幸福，為了減少孤立和寂寞，也為了這個星球的健康跟世界和平，我們必須有意識地放慢腳步。

我們必須更看重閒暇的時間、看重平衡，以及人與人面對面的互動。然而，這需要有意識的努力才行，因為在現代世界，這些並不是那麼容易做到。在過去，大自然迫使我們有一定的平靜與平衡。當太陽下山，我們就必須停止工作。日光、距離和季節的變化，基本上使我們不致工作過度。

但科技和運輸工具改變了這一切。現在我們可以選擇通宵達旦地工作——而且我們常這麼做。我們飛來飛去，期待自己的身體自動適應不同時區，然後隔天再繼續飛到別的地方。事實上，我們對自己的期望——以及我們允許他人對我們的期望——實在太超凡了。

我們的身體有它自然的生理時鐘，我們的節奏也往往符合地球本身的節奏。如果我們放慢腳步，允許自己過著步調更平穩，與大自然週期平衡的生活，我們會發現自己許多時候更健康、更快樂。

事實是，我們需要更多的假期與放鬆的時刻；直到我們能把幸福快樂看得比金錢的目標更重要之前，我們會永遠看著自己的人生，覺得它少了什麼。在許多國家，四個星期的休假是基本的。遺憾的是，在美國和一些西方國家，大多數人一開始只有七天假，而且必須工作好幾年才能增加到兩週。但這些時間並不足以讓我們恢復所需的精力。

如果你發現自己處於這種情況，在平日的生活為自己製造迷你假期就更重要了。每隔一段時間，至少休息個幾天，把工作放下。找出特定時候，好好放鬆，重拾內在的平靜與幸福感。當你在繁忙的生活型態裡好好照顧自己，你就是為喜悅且具磁性的生活投射出清晰和明確的意圖。因此，看重自己的需求、目標和幸福，至少要跟你為別人做的一樣多。

當越多人選擇不那麼急迫地生活，選擇創造多些閒暇，並努力於充滿愛和真正連結的溝通與交流時，我們就越能減緩這個加速意識的動能，為自己和整個世界帶來更多更大的平靜與和平。

是愛還是恐懼？

在創造命運的過程中，另一個有趣的元素是你所屬的特定團體的共享意識。只要你接受了某個特定社群所選擇的信念與生活方式，你就會被那個共享能量所影響，協助將它投射到這個世界。

你在過去可能被教導某種行為方式或相信某些事，但現在，你必須為自己做出選擇。如果集體能量無法榮耀你或是為這個地球帶來真正的價值，那麼你必須選擇去克服和超越它。

當你接受任何一個團體的態度——無論是什麼態度——你的人生就會被那共同的，合併的吸引力量所影響。如果它充滿仇恨或是鼓吹操弄與恐懼，那麼你得到的能量和結果的主要性質也就是仇恨、操弄與恐懼。

無論是作為個體或在一個團體裡，你都必須瞭解，你對大家所共享的情緒意識有一份貢獻。愛和恐懼是兩個最大的意識場域。你每天都透過你的想法、行為與情緒反應，為愛或是恐懼的能量場添加了材料。

在接下來的幾章，你會更認識共享意識的許多面向。瞭解自己在這些共有場域裡所扮演的角色是個重要責任。

愛的力量並不只是新時代的陳腔濫調。愛在這個世界是非常真實的力量，它對你的人生和其他人的人生都有巨大的影響。心裡缺乏愛必然使你枯竭，而愛的存在與愛的意圖將以你無法想像的方式為你帶來力量與啟迪。

關心自己和別人也會擴展宇宙裡的愛能量場。這對個體和人類種族的整體未來非常重要。就共享意識的觀點來說，你無法排除周遭事件對你的作用，這個世界也無法不被你的日常能量所影響。每個慈悲的念頭、話語或行為——無論對誰——都會擴展愛的振動，並將愛送回給你和每一個人。

愛能點燃每個法則的力量。因此，選擇愛、表達愛、感覺愛，為自己和別人都這麼做吧！活在愛裡……你的生命力將發光發熱！

第六章

心靈週期與靈魂意圖

「具創造力和自發性的靈魂，在我們心裡發出它對渴望及理想的敦促。
這些催促是我們真實的命運，也是我們必須實現的事。」

——D·H勞倫斯

你是誰？你從哪裡來？有沒有可能你最真實的部分已經不知怎地失落了？也許當你的實相脈絡磨損，當你的真相出現裂口之際，它就已經消失無蹤。

真相的缺口

很久很久以前，有一道眩目的光芒散發著崇高、慈愛的意識，思索著億萬個心智的念頭。從祂無限的意識中，迸發出閃亮耀眼的愛、恩典與平靜，將幸福擴展到無法估量的程度。

念頭裡有個聲音說：「讓我們創造一個表達自己的方式，還有一處體驗美好感受的地方。」於是物質生命的意圖形成。經過一段看似相當長的時間——但其實只是愛的瞬間——舞台上已經佈滿美麗的星辰、波光粼粼的水域，以及難以描述的驚奇之地。而後眾多念頭從愛裡散發——每一個都是鍾愛的光裡的美麗光束，都是閃耀著光輝的崇高意識的表達，每一個都被愛形塑，興奮地住在這被創造出的嶄新體驗裡。

每一道進入物質層面的光，體驗著樂趣與冒險，並且渴望更多。時光流轉，這些光開始忘卻自身的光芒，對於源頭那充滿愛的光輝意識，只剩下遙遠的記憶。

它們因自己的身體和周遭的身體而分心，忘了自己是光，忘了它們來自於愛，它需要越來越多的享樂。而在物質層面的每一次新體驗，都使它們對愛的意識的記憶越來越模糊，這些光因此更渴望所缺少的東西，並納悶是哪裡出了錯。

每一道光束都說：「我必須找到……某個東西。一定有某個東西可以讓我感覺更好，讓我再次感覺對勁。」

於是，所有的光開始環顧四處，尋找它們內在記憶所想念的東西。

化為人身的他們在周遭尋找各式各樣的愛、冒險和樂趣；而且他們發現別人也在尋覓。有些光找到了一些他們在尋覓的東西，但在內心深處，他們依舊感覺少了什麼。他們也找到一些愛，可是那根本比不上他們對源頭的遙遠記憶。他們還找到了些喜悅，可是與他們丟失的深刻喜悅相比卻相形見絀。因此他們繼續尋找，並且渴望更多。

這些光在世間發現了一些漂亮的岩石，他們拿來換取他們認為能替自己帶來快樂的物品。他們發現一些刺激、令人興奮的事，而在生命中的某些時刻，他們感受到一些力量——但這跟他們在光裡所感受到的那種力量完全不同。無論他們發現了什麼，好似永遠都不夠，因此他們持續地尋找、追求，並且為了得到更多而拼命努力。

他們聚集起來，形成了競逐權力、光采和物品的群體。他們對追尋如此投入，以致他們開始相信這是賦予他們生命意義的東西。他們認為可以用他們可能找到的事物來填補空虛。

在努力的過程中，他們常常發現自己在生氣，而且害怕有人可能奪走他們的喜悅——擔心別人會找到比他們更多的東西。

因此，這些光持續地尋找、持續地擔心和競爭——離真相也越來越遠。他們完全忘了自己是來自光裡的念頭，而他們的內在仍有愛與光。如果他們可以放鬆並停止向外尋覓，他們的目光很快就會安住在他們自身的美好上。對於把他們送到這兒來的**愛的意識**的記憶也將被喚醒；他們會因為知道自己已身在家園而喜樂。

尋找真相

你是永恆的靈魂。而跟你可能想像的相反，你不僅是住在肉體裡的靈魂火花，你是完整的靈魂，過去與未來都是如此。這可能看來很不可思議，但你**同時**是完整的靈魂與完整的人類，靈魂與人格，光與物質。

人們常發現自己對這個議題有非常不一樣的立場。有些人認為自己只是人類，物質世界的實相就是一切。其他人則認為物質生命只是幻相，是虛妄不實的經驗，一點都不重要。也有人相信，雖然心靈與物質可以並存，但在某種程度上，心靈多少會因為二元性而改變。他們相信，當自己處於這個層面——即身體與靈魂的形式——的時候，心靈／靈魂是受限的。他們假設人死後會變得更有靈性，但事實並非如此。他們只是變得比較不物質而已。身體的解脫並不會增強靈魂的力量，它不過是減少塵世的罣礙罷了。

對我們凡人的心智而言，這個二元性相當令人困惑，對自我的感覺來說，這也是一個完全陌生的概念。但是，這個概念是根本的真相，它能為我們生命中的一切——尤其是我們對吸引力的態度——帶來清晰的思維與真實的力量。只要我們拒絕接受這個二元性，我們就遺漏了有助創造命運的重要領會。

這個二元力量的平衡，正是人世的另一個矛盾之處。物質生命在某方面或許是轉瞬即逝的幻相，但它也是必須面對和處理的現實生活。靈魂生命雖然真實且力量強大，但它是看不見的實相，是飄渺而難以定義的精神上的力量。當我們努力發展對心靈真相的較高覺察，我們的人類經驗就會有更多的清明。以靈性為中心的生活會使得物質世界更有意義，而這種連結所賦予我們的力量難以估量。

你的永恆自我在你的吸引力過程中是股強大的作用。你可能沒有意識到，但是這個活在你內在的身分，透過你以無數方式表現自己。

你的靈魂有它自己永不止息的意識，而透過這個意識，它揭示出你的真相、力量與更崇高的意圖。也就是最後這個部分，你的**靈魂意圖**與你的**靈性目標**，正是你所有經歷中最重要——卻往往被隱藏——的因素。這個神秘的部分使我們對發生的事感到困惑。畢竟，你的靈魂認為的輕重緩急，可能與你的凡人心智所想的大相逕庭。

靈魂的選擇

宇宙浩瀚無邊，沒有止盡；它是一個讓靈魂盡情探索的巨型遊樂場。而來到物質層面體驗人生必然是項難以抗拒的選擇。為了充分瞭解你的人生旅程為什麼會踏上某個特定方向，了解你的靈魂的可能動機會很有助益。

靈魂之所以選擇來到地球有五個主要原因。知道是什麼驅使你進行這場塵世歷險，對你的個人進化和賦予自己力量會有極大幫助。

1. 你的靈魂渴望表達自己

如果有時候你想要站在屋頂上大聲說出你是誰——甚至那個神聖身分——不要訝異，這可能只是你的靈魂因為認識自己並且想快樂的表達。你的永恆靈魂知道那個在你生命中每一刻都存在於你內心的價值與珍貴。你的靈魂隨著這個自我覺察和對神性的認知而振動，它渴望在地球層面慶祝與分享，而這就是你在這裡的動人原因之一。為了協助這樣的自我表達，靈魂的創造力具有許多令人興奮的可能性。

我們每個人心裡都有創造的火花，而且有時我們可以感覺到這種表達的需要湧上心頭。它可能會，也可能不會顯化成某個富藝術性的東西，但無論它會成為什麼，這都是靈魂來到人世的動機裡非常真實的部分——也是我們的靈魂渴望人世經驗的因素之一。那是渴望表達我們的獨特之處；而無論是以發明、創造美或創造價值的形式來呈現，它都能為我們和別人帶來重要的意義與成就。

打開心，接受具創意的啟發和靈感，可以協助療癒心智與靈魂間的裂隙，使我們跟自己的靈魂在深刻的啟示中重新相連，並且也幫助我們的靈魂意圖與個人的夢想一致，成為一個能確實加速磁性吸力的連結。

心靈解答

什麼是你想要表達，卻一直藏在心裡的想法？把它寫下來，跟位朋友聊聊。從靈魂深處表達自己。

有沒有什麼是你一直渴望創造的？也許是發現什麼或甚至建立什麼？想想你如何能更有創造力——以及更隨性。當靈魂召喚你，你會發現很難抗拒。讓你的靈魂做你生命的作曲家，看看它譜出怎樣的神奇樂章。

2. 你的靈魂渴望體驗

想想你待在一個地方，卻熱切或渴望地想著另一個地方的時候。你或許覺得不大可能，可是你的靈魂知道那種感覺。雖然靈魂世界有許多事可做——包括服務、協助和啟發——但也必須承認，人世層面也同樣有很多有趣的事在進行。事實上，身體的感官會很吸引人。即使靈魂也會渴望呼吸空氣、欣賞日落，感受暖和的微風或沁涼的泉水。

就如稍後在探索業力與輪迴現象時你會看到的，有些人一輩子都被肉體經驗的欲望所驅動。當執著形成，需要就變大。對於食物、性、酒精、毒品、刺激，或是物質層面任何東西的欲望，都會導致靈魂一次次的回來——主要動機就是體驗某個特定經驗。這也會是形成命運的一個重要因素。

你有可能對任何事變得執著——和你在一起的人、你喜歡的活動，以及帶給你愉悅的身體感受。這種執著會導致對物質世界的上癮，為了延續這種經驗，於是有了轉世的強烈驅動力。而當你越陷入執著與渴望，你的靈魂將會需要學習一個重要的課題——重新排定人世的優先事項，然後學習把一切放下。

以熱忱和感謝的心享受你的生命經驗。如果你發現自己上了癮或過於執著，那麼這些經驗事實上是使你遠離心靈並增加你的匱乏感。這會防礙共時性的產生並阻礙你的吸引力。

你不必擔心所說所想的每一件事。請記住，宇宙對於你對自己的核心信念最有反應。自愛與自信的思想具有不可抗拒的磁性，它們值得你的關注！

靈魂相信課題是永恆生命裡不可抗拒和避免的部分，而靈魂也支持你的學習之路。事實上，這正是你來到物質世界的最大動機之一。無論你面臨什麼情況，停下來思考「我的靈魂希望我明白什麼？去做什麼？還是學習什麼？」永遠會是重要的決定。

3. 你的靈魂渴望學習與成長

小我與人格傾向於抗拒改變，靈魂則欣然接受。事實上，個人進化就是靈魂選擇人間的主要動機。就像與源頭分離的光束在別處尋找答案一樣，你的個體身分會嚴重陷入充滿自我懷疑、渴求和恐懼的個人困境裡。由於喪失了對永恆的記憶，必然會有少了什麼的感覺，這會使得你朝向尋求物欲上的滿足。

然而，靈魂不斷召喚我們所有人記得我們的源頭，去記起那裡有更多更多我們所追尋的東西。對我們多數人而言，意識到放下無休止的奮鬥爭取，重新定義什麼才是真正有價值的，然後把它放在第一位，這個領悟本身就是主要的生命課題。對其他人來說，真正的愛自己、重視和珍惜自己，以及對他人仁慈，是同樣重要的課題。就像水永遠會尋找跟它一樣的水平，愛、慈悲與價值，這些都是靈魂的自然狀態。當人格無法與靈魂同步，我們將會無可避免地往學習的方向移進。我們將在更崇高的意圖裡找到靈魂的目的，而我們的物質目標則必須讓位了。

透過生命中的許多經驗，你的靈魂將持續引領你走向療癒、瞭解和解答。你可能會經歷截然不同的學習週期，也可能面臨一再重複的重要課題。直到你學會或掌握之前，成長的機會都將持續出現。無論是以困境或祝福的形式，你必須學會你遇到的這些課題。就靈魂的觀點而言，你的永恆真相、力量與價值，永遠都是你的解決之道。

心靈解答

你曾經面臨的問題是什麼模式？一直出現的課題又是什麼？以下是一些最常見的課題：

- 選擇自愛
- 捨棄執著
- 心懷慈悲
- 放下恐懼

學習你的課題並榮耀你的靈魂目標將會幫助你融入宇宙能量的流動。因此，找出你需要知道或是需要去做的事，然後創造一個以它為優先的生活。

把你的神性意識帶到你的生活。肯定它的效力，讓它成為你生命裡的真實力量。

學習你的靈魂真相，並把靈魂的崇高觀點帶進你所做的一切。

4. 你的靈魂希望你能認識自己的神聖身分

我們最重要的真相之一，就是我們的永恆源頭與身分。這個靈性存在並不是生命中附帶的小事——它是不容忽視的主題。我們多數人忙到沒能好好思考這些，但我們的靈性本質對於我們的存在與力量是如此根本，忽視它會是巨大的疏失。事實上，這個真相是我們生命的核心力量；當我們接受它，這個力量就能改變一切。

靈魂的存在需要被探討。你可以現在否認它的存在並仍然有些成就，但在日後的某個時間，尋找靈性——或至少尋找意義——很可能會召喚你，使你明白它的重要性。

不幸的是，人們往往要透過苦痛，才使回歸源頭的渴望變得重要與優先。當你體驗到的失落深到你無處可去，你將轉向靈性上的瞭解和領悟。當你走到生命的盡頭，發現自己納悶這一切是所為何來時，你將會尋求——並渴望——一個更崇高的意義。

但你實在不必等待不幸或晚年的到來。你**現在**就能提升你對愛的源頭的覺察和意識。你可以在你的永恆觀點以及你與神性的恆常連結裡，為每件事——無論好壞——找到更崇高的意義。你永遠都有這個選擇。

停下來，想想你跟世間萬物的關係。在每個呼吸裡感受永恆的低語。你所經歷的每一件事，都是力量的開始。

心靈解答

愛就是源頭意識，在重新憶起它的過程中，你便會獲得真實的力量。沒有什麼會需要你離開它，無論是喜悅、困頓，還是日常生活中令人煩心的事。

你的心靈將一直尋找愛的源頭，而透過生命的無常，它若不是將你推往那個方向，就是迫使你不得不往那個方向前進。

和你的高我對話；冥思神的愛的臨在。現在就向這個覺察打開你的心與頭腦，你將發現自己的思緒越來越清晰，心裡也有更多平靜與理解，而這些將賦予你力量，支持你所做的每一件事。

5. 你的靈魂渴望愛與服務

在這個塵世體驗裡，靈魂作為神性表達的一部分，有一條個人道路會比其他的路都更能吸引它，那就是愛與服務。

由於靈魂記得它的源頭並渴望時時與源頭連結，在地球這個界域表達愛和體驗愛，始終會是你內心的首要事項。此外，這個流動的、光輝的和關懷的能量，更是宇宙裡最具創造力與療癒力的力量。因此，你的靈魂會一再使愛與服務成為它最崇高的意圖。

你的靈魂和這個星球上每個靈魂的喜樂與困境密不可分；他人的遭遇和你的遭遇無法分割。在靈魂世界裡，**平衡**、**平靜**與**和諧**是事物的自然秩序，而你的靈魂渴望為你和整個地球帶來這些能量。

只有小我才會透過競爭與衝突來追求權力，只有貧乏的人格才會走向分離而非合一。為了彌補和源頭失聯的失落，小我不顧一切地企圖取得虛假的權力與膚淺的利益。但在我們每個人的內心深處，靈魂可以看見他人的靈魂；而當它看見時，它最深刻的意圖便是去**愛**、去**服務**。

心靈解答

靈魂對療癒與合一的渴望，一如血液之於身體，是你永恆存在的固有本質。因此，當你的意圖與這個崇高的目標一致時，你會為自己帶來療癒，為自己渙散的能量帶來合一。

透過擴展你的永恆源頭的愛，你將以驚人的吸引力和充滿活力的振動與宇宙連結。你的生命力將與最高層次的體驗——你的永恆真相——共鳴。而從那真實之境，服務的意圖增進了我們所共享的愛。

服務不必一定是巨大的犧牲。你可以透過許多小事跟他人分享慈悲的能量。

你可以從一個微笑、一句讚美、一件善行，或就是一個關懷體貼的想法開始。今天就開始吧！你的靈魂將持續為你引路。

當你準備好的時候，在你的生活裡加上更多更大的服務意圖。在萬物合一的狀態下，你為另一個人做的，就是為自己做的。

付出你的時間、你的愛和你的慈悲。你、你的靈魂和整個宇宙，都將滿心歡喜。

靈性的分裂

服務是彌平靈魂和人類二元性縫隙的一個方法。但要療癒這個分歧，我們需要對此有更大程度的瞭解。

你的永恆靈魂有它自己的意圖——而且它帶著以這個意圖為優先的引導指令來到這一生，即使你可能還不清楚到底是什麼意圖。事實上，你的靈魂目標可能不太容易跟小我的焦點一致，而這個個人欲望和較崇高動機之間的分離，正是吸引力法則的主要難題之一。

你的靈魂絕對有實現某件事的意圖——雖然它通常跟金錢無關。它可能計劃療癒舊傷口，但你的小我可能是被驅使著要報仇。你的靈魂可能打算擴展愛與合一，但你的小我可能就是要去競爭、謀取，並得到凌駕於他人之上的權力。你的靈魂的最大喜悅可能是為自己和他人帶來真相、理解與榮耀；但你可能堅定地認為，你最大的個人喜悅是賺更多的錢，達到更多物質上的成就。

當你面臨這種方向上的分歧，會發生什麼事呢？處於這種矛盾的狀態，難怪你會對你的目標感到困惑，對看似成效不彰的結果感到挫敗。當小我與靈魂的欲望不一致，這個對立的意圖會使你的生命力陷入混亂，並對你將會吸引的事物造成戲劇性的影響。

這個問題的解答在於發展出對「靈魂意圖」的覺知。在談到人生課題時，我會更深入探討這個議題，但為了知道靈魂可能的想法，現在就開始檢視你生命裡的重複模式會很有幫助。

你至少有幾個要學習的課題。你愛自己有多深？你跟源頭的連結有多強？你在這裡是為了體驗、表達和創造，還是為了去愛、去服務？

靈魂週期與共享意識

在你這一生當中，你會經歷許多被靈魂驅動的週期。學習、戀愛、體驗和創造的時節——這一切都會受到你的靈魂意圖的驅使。而在實現更崇高的目標方面，你的靈魂也並不孤單。就像不同個體分享同一個意識一樣，這個宇宙也存在著群體靈魂的意識。我們所共同的經驗，往往揭示了我們集體心靈的主要意圖。我們的靈魂渴望參與轉化，而這種渴望會在重要的方向上帶領家庭、社群團體、國家，甚至全世界。

事實上，你可能會在自己的生活裡感受到一種共享的心靈週期的動能。近期許多全球性的變化——特別在經濟方面（譯注：二〇〇八年的全球金融海嘯）——已經證明，我們沒有人能繼續依過去的模式和習慣生活。改變優先事項，並且更清楚什麼能讓我們的人生更有價值的重要訊息已被揭露。在許多人的生活裡，這個領悟已經戲劇化到再也無法抗拒。

這個領悟有部分是跟金錢有關。長久以來，我們對金錢的態度一直帶有嚴重的分歧。一方面，我們往往把它擺在第一位，超越其它一切。我們為它努力，甚至犧牲了生活。另一方面，我們長期以來又不把它當回事。我們過度消費，購買我們不需要也從不使用的物品，把錢虛擲在沒有意義而後來又很少想到的紀念品上。

我們共同的靈魂意圖將不再允許這樣的兩極化。訊息很清楚：我們不要那麼看重金錢，而且我們要更珍惜和感謝它！我們必須減少為金錢努力，優先考慮生命中其他帶給我們價值的來源——例如愛、人際/情感關係、歡笑、休閒時刻、放鬆，以及像正直、優雅、仁慈這樣的特質。

我們正處於成長與轉化的共享週期，而它正迫使我們做出改變。我們必須喚醒靈性，把心思放在真正的價值上，並且逐出絕望、羨慕、嫉妒和恐懼的惡魔。這會大大有助於療癒我們和我們的痛苦。而我們也終將實現心靈上的富足——平靜的感恩與永恆的愛。

你的生命是永恆的，相較於你的靈性存在，這個塵世化身存在的時間不過是一眨眼。長遠來看，宇宙會把靈魂意圖優先於小我的世俗欲望之前。只要靈魂的崇高意圖被實現，你的靈魂不在乎你是貧是富。而當你把愛、學習與心懷崇敬的生活放在第一位時，宇宙也會將你的個人目標放在優先。

因此，看看你的生活，問問自己「我來這裡是要做什麼？」會很有幫助。無論是用愛養育子女，或是終於學到了如何榮耀和珍視自己，你得到的答案都可能會比只是賺錢來得更有意義。累積財富並沒有錯，但如果你能跟你靈魂最深切的渴望及開展的愛協力合作，實現目標將變得更容易——而且更有成就感。

第七章 生命的週期

「嚴冬時分，我終於學到在我心裡有個無法被征服的夏天。」

——卡繆[1]

顯然地，有許多因素影響命運的創造。當然，其中最主要的是你如何運用你的意識、能量與意圖來啟動這些法則。如你已知的，這些因素並不總是你各式各樣的經驗源由。雖然你可能無法認出每個事件的起因，但當你更客觀地看待發生的事——並開放自己了解你的靈魂意圖的時候——你就能較輕鬆地認出你所在之處和接下來要去的目的地。

生命是一個過程，一連串盛衰浮沉，活躍與寂靜，開始與結束的週期。當你能認出並定義自己所在的週期，你就能自在地使用你的個人力量去轉化任何局面。這些人類經驗裡的自然季節是必然會發生。事實上，它們是影響命運創造的主要原因之一。你的生命品質就取決於你是否能施展力量並優雅地經歷這些不同週期。

為了往前邁進，你需要知道你目前所在之處。這就像試著去一個你從沒去過的地方：你可能有張地圖顯示你要前往的終點，然而，如果你不知道此刻你身在何處，你就無法啟程並繼續朝正確的方向前進。

你的人生也是如此。如果你要行進到下個週期——你的下一個體驗——你需要瞭解你現在的確實位置。透過開始去瞭解你現在所學習的，你能夠把能量最大化，並且使用你的意識和意圖的力量將能量轉換到你所期望的方向。

轉化者

在歷史上的這個時候，許多人正經歷轉化的過程。這個**成長的週期**甚至會涉及重大的人生變化，包括像結婚、離婚、重病、無預期的情勢逆轉，甚至死亡與重生的兩極境遇。任何形式的轉化——不論是跟生理、情緒、金錢或感情有關——都可能備受煎熬。然而，許多這些極端的情境常會引領我們到達重要的成長與個人的成就，即使在當時這些辛苦與艱難似是無法承受。

當面對困難的情勢，你不該責怪自己或是把重點放在挑錯上頭。如果你正經歷一連串的變化，先讓自己辨識出是怎樣的改變，然後尋找其中的訊息。挑自己毛病只會增加你對創造新事物的抗拒。這會停止正在行進中的轉化，使得你必須再次經歷類似情況才能完成徹底的改變。

看看大自然的週期吧！冬天是寒冷和荒蕪的時節，但地球沒有因此責怪自己。正如這個季節

1 譯注：Albert Camus，一九一三～一九六〇，作家，一九五七諾貝爾文學獎得主，其小說和劇本皆有強烈的存在主義思想。

的荒涼蕭瑟，它同時也是靜靜展開新生的時候；大自然在這時沉睡並為更新作準備。每一個季節都允許這樣的過程持續。冬季是大自然向內並漸慢下來的時候，春天是新生的季節，夏天是成長；而秋天，則是收成的時期。

人類生命的經驗也很類似，包括身體從出生、青春期、老化到死亡的變化——還有許許多多這之間的轉變。無論變化如何，重要的是知道，改變帶來新的可能，而死亡也總是會帶來新生。困境不必然會使我們失去力量；如果我們能善用每個週期，那麼一個經驗的結束將會開啟一個美麗新紀元的曙光。

擴展的週期

大多數人喜歡他們的擴展時期。在這個時候，事情似乎加速進展，帶來更多和更棒的結果。你被一股氣勢和動能推動著；你有比其它時候更多要做、要看和要體驗的事物。

擴展的週期就是增長的期間。有時這代表更多金錢，然而財務並不是此時唯一會繁盛的事項。孩子的出生代表家庭的擴展；你也可能有了新的計畫，生意開始成長。在這類和許多其他情況裡，成就也跟著擴大。

不論這段時候增長的是什麼，記得要留意它帶來的機會。有時當我們忙碌起來，很容易就不再深思或反省，不要讓自己因此被這個成長耗損了。這段時期也是幫助你的覺察力與洞悉力擴展的好機會。因此，對嶄新和不同的經驗抱持開放的態度，並想想你可以怎麼把這些新機會納入你個人歷程的一部分。絕不要假設這個擴展期有定義你或是使你完整或圓滿的力量。是**你**定義擴展期的經驗——和所有一切。

在財務擴展和豐收的時候，你可以好好放鬆，收割你的報酬，但請不要因此變得鬆懈、沒有行動力和過於放縱。記得感恩並珍惜你生活裡的各個面向（不光是可能來到的好事）。這個增長期可能會持續一段時間，即使如此，你仍要踏實地建立自己內在的幸福感，而不是只依附或眷戀於外在事物。

這個宇宙一直在改變，沒有任何事會永遠擴展。經濟會自我調整，高峰過後就是低潮，而且有時差異極大。在乾旱和饑荒之後，接著可能就是豐收期。從氣候、金錢、文化以至個人，都有所謂的擴展期，但它們不會無限期的延續。偉大的羅馬帝國興盛發展了數百年，擴張到各大陸塊，但還是被異族終止了他們的時代。

個體的模式也有類似的興衰起落；你的生命週期就可能充滿了變化。你會經歷非常喜悅的時期，也會體驗到使你轉變並推動你前行的重大損失或失去的時刻。而介於這兩個極端之間，你可能發現自己長期處在事情好似沒有半點變化的遲滯階段。

延續的週期

有時候，事情看來沒有什麼動靜或變化，而這個情況可能持續好一段時間。這就是延續的週期，一個重複與持續的動能。在這樣的時期，你可能會發現一些改變，但基本元素維持著一種平靜的狀態，沒什麼不尋常的事發生。但要留意了，無論如何，在事情表面下，總有些什麼在進行。

這個週期可能很悠閒，它可能是一段由日常事項和開心插曲交織成的愉悅時光。享受多年的情誼和數十年不變的工作可以很棒，但你的心態也可以讓這個週期感覺像是長時期的繁瑣工作和無趣的活動。這段延續期看起來無害、平淡無奇，它們也往往是最不被抗拒的道路。在這期間，你可能傾向於維持婚姻，固守一份工作或不去做任何變動，但不是因為這麼做能夠滋養你，只因為它似乎是最容易的事。

要小心，不要持續那些無法榮耀你或令你不名譽的行為。它們只會讓你更陷入負面模式，然後變成你的生活方式。習性的氣勢會反過來支配你，而不是你在主控。也因此，在這個（和每一個）週期，有意識的生活非常的重要。

然而，延續的週期也可能很健康。如果你身邊的人和你所做的事令你覺得光榮，好好享受這段時光。使用這段週期擴展你的興趣，探索能令你終身難忘的活動。這段休息時間可能是來自宇宙的禮物，讓你能在每天的生活加入像冥想、寫日誌和進行肯定語等等活動。當你的人生動能轉向不確定或有問題的方向時，這些活動對你會很有幫助，因此在舒適期建立起這樣的習慣是很棒的選擇。

經常分析自己的現況。如果你發現你在延續無法榮耀或不尊重自己的事，例如沉溺在某種上癮行為或處在受虐關係裡，現在是停止並取回掌控權的時候了。長期生活在負面模式會根本且徹底地影響你所吸引的事物。酗酒、賭博、性上癮，或是隱藏的不健康模式，事實上會吞噬你整個人生。如果情況如此，只有**你**能決定要不要打破這個模式，然後進展到你的下一個週期：轉化。

轉化的週期

你是個轉化者，你可以隨著每次經驗所學到的智慧做出改變和調整。

任何重要轉變總是會帶來許多感受。結婚、離婚、孩子出生、失業——這些都是轉化的重要時期，它們會引發正面和負面的情緒。不論你現在可能正經歷什麼，試著記得，轉化期可以引領你到價值、意義、學習，以及個人力量的道路。舊的總會被新的取代；如果你選擇，你就能讓自己恢復生氣與能量，並到達一個更有力量與更多理解的新境界。

人生中有些轉化很極端，它們會完全改變你對自己的定義。譬如當發生某件令人痛苦的事，使得你再也無法從事原先的活動或跟同樣的人連結，你於是被迫走向一條完全不同的道路。在這些時候，你不只必須改變你的步驟，有時候你也必須修改目標——甚至改變對自己的認知。如果你舊有的自我定義多半是透過過去的追尋而形成，這點就格外真實。

畢竟，如果你是透過一段關係來定義自己，而那段關係結束了——或如果你的身分是奠基於你的工作，而你突然間被解雇——你對自我的看法會有什麼轉變？你會怎麼看你自己？在這些情況裡，你面對的會是雙重的困難和辛苦，因為你不只要面對未知的未來，你也必須面對未知的自己；你的自我定義。

這對你在這兩個層面都是很強烈的挑戰。首先，你會失去你的穩定感和安全感，你不確定下一步要往哪個方向。再者，你失去內心對自己的認識，不再確定自己是誰、什麼對你最重要。這樣的轉化期會迫使你放下舊有的行事模式。當你的人生有了戲劇化的改變，通常是因為要學的課題太深刻太重要，而舊的方法已不再適用。因為轉化的真正目的往往是要幫助你到達一個更好的地方，或體驗一個更好的歷程。

有些人的生活似乎是一波接一波地遭逢困境，中途沒有喘息的時候。也有些人似乎一輩子都圍著一個主要問題打轉，姑不論是貧窮、疾病或孤寂。這類經驗常是生命中更有力量的轉化，因為它們顯示的是生命的**啟動**。

啟動生命的事件有時會劇烈到像是無法負荷。然而，這正是這個靈魂去做某件極有力量或影響力的事情的機會——可能是療癒或個人層面的進化上，或甚至是對這個世界帶來啟示。這條路會非常重要，因為它在你永恆與無盡的靈魂歷程中，帶引你到一處截然不同的地方。

這些煎熬和動搖你人生核心的變動或失去，事實上能夠為你帶來美好的祝福。它們提供你機會，在你的日常生活和靈魂實相兩個層面上，重新創造和定義自己。當你願意釋放你舊有的定義，不再透過外在事物來定義自己，並在心靈深處發現你的真相時，這個過程本身就是很棒的禮物。事實上，把精神／靈性生活當作生命真相的核心非常重要，因為它在任何情況都會帶給你意義與支持。

只是，災難或許是我們唯一會讓自己嚴肅思考生命更高意義的時候了。這很不幸，因為把瞭解靈性當做生活方式會減輕生活中的許多壓力並帶給我們力量。我們並不必等到困境或災難來臨才要來強迫自己面對這個一直存在，以靈魂為中心的選擇。透過永恆的鏡片，生命的每個週期都將變得更加清晰。

心靈解答

你有一個身分，它在你經歷了不知多少黑暗時光之前，就已經存在。真相是這樣的：你先是靈魂，你是為了體驗多種不同的個人經驗來到地球。在你心裡，你是平靜、不受任何阻擋和無所畏懼的。你的靈魂知道永恆才是真實的——所有黑暗週期只是在一個美麗、無限的生命裡，終會過去的困難一日。每個經驗都是一個遠為巨大的實相的一部分，而你的靈魂能夠幫助你應付你必須面對的一切。

退一步，從一個更長遠的觀點來看待事情。放下恐懼和迫切，展現你靈魂的能力，並且願意以平靜的心去面對人生。

沉思你的經驗所蘊含的真正意義。相信自己，無論如何，你都有力量處理難題。有了靈魂的協助，你選擇轉化的意願將帶引你到一個更美好的方向。

新方向

這個以靈魂為中心的轉變只是轉化期帶來的第一個令人自由的面向。除了靈性上的覺醒，重大變化的期間也能帶給你重新改變你的地球人世經驗的機會。雖然這個時期可能很辛苦，但一件事的結束永遠意味著另一件事的開始，而消化、處理這個經驗，並對最後的結果保持開放心態也很重要。當你被迫順其自然並且活在信任裡，你將被引領到出乎意料的地方，以及很棒的結果。

我本身就有過許多困難和重要的轉化期。有一次非常可怕，我從不曾公開說過這件事。它發生在我還是高中老師的時候。

有一天，我留在學校改期末考考卷改到很晚。我當時並不知道除了警衛外（他的辦公室在另一頭），整個學校只剩我一個人。就在我正打算收拾東西離開時，有個名聲不好的舊生進來了。我起身要走開，但在我還沒來得及意會前，我就受到襲擊。他瞬間把我壓在桌上，用刀抵住我的喉嚨，開始解我襯衫的扣子。我不知道怎麼辦，我整個人動彈不得，我可以感覺到刀子劃過我的皮膚，血從我的脖子流出。

總之，我確實是受到保佑。就在這時候，另一位我以前的學生進來了，攻擊者於是落荒而逃。我看來好似沒事，但我受到非常大的驚嚇；這件事改變了我的人生。

除了喉嚨被刀劃過的傷口，我的身體並沒受到傷害，但我感覺情緒上深受重創。如果另一個學生沒有及時進來，我確定自己會被侵犯，也很可能會被殺害。這個體認粉碎了我對別人的信任，破壞了我對這份工作的熱愛，並讓我懷疑自己的判斷力。我變了很多，於是我知道自己必須辭去教職了。

但我完全對下一步要做什麼沒有想法——我已經教了七年書，我所受的培養訓練和專業資格都是在這個領域，而我根本不會考慮回去執教。我知道如果我還在那個環境，我不會再尊重自己，因此我很快就發現我必須要處理兩個創傷：這個經歷本身，還有因為失去自我定義所帶來的折磨（更不用說收入的來源了）。

這對我是很巨大的變動。幸好，我現在有完全不同的觀點，但在當時，我真的覺得我的世界在崩塌。我這輩子一直想當老師。從童年到大學，那就是我一直專注的事業。它對我不僅是份工作，也是我樂在其中的職業，它帶給我挑戰，也令我驕傲。

然而突然間，我必須拋棄這一切。我必須把那個身分，還有已經成為我每天的生活方式放下。我因此面臨進入未知的境況；我必須重新發現我是誰，還有我接下來想做什麼。

我試了幾個不同的工作，沒有一個適合。我當時並不快樂，我努力地要找到某個能和我內心共鳴的東西。然而，就算那是段非常可怕的時期，我現在毫無疑問地確定，這整個經驗對我，是一個祝福。我就是在那個時候熱切投入了對靈性的研究——我去學靜坐，自我催眠法，甚至參加設定心智與意圖的課程。我想像看到自己找到了喜歡而且感覺充實的工作——雖然我不知道是什麼工作。我放鬆，放下對抗，並且花時間去療癒創傷和這個過渡期。我同時也勤奮地在個人和靈性發展上努力。

最後，我被引導到諮商的領域。我發現自己對諮商的過程感到有趣和開心。我喜歡我的個案，沒多久，我就開始演說，這對我而言是教學的另一種形式。這個新發現的職業最後帶引我到達我今天所在之處。

我經歷過事業的死亡，但那個死亡最終創造了美好的新機會，而如果不是那段非常辛苦的轉化期，這些就不會出現。

改變的時期

許多人經歷過——並且正在經歷——辛苦和困難的變動。生命中有些事發生了，並且徹底改變了他們的現實世界，雖然這在當時像是無法忍受，他們在日後卻能看清這一切，甚至感謝。

如果你現在正處於那個人生轉變的週期，我說的這些對你可能只是很小的安慰，但重要的是記得，成長來自轉變——結束則帶來新的開始。

我在第九章會多談些如何克服和突破這些週期，到達一個更理想的境界。但請記得，轉化期有著非常真實的力量。當你把意識和意圖帶到轉化上，你就能轉變實相並度過甚至最艱困的時期。

心靈解答

生命週期是人類經驗的自然過程。這是當你來到這個塵世之旅前所簽下的約定。因此，把它們當作橋樑。透過每一個週期，你不只是在這個物質世界，也在你的心靈、心智、習性和反應，達到某個更好的境界。

不論你現在在什麼週期，問問自己這些問題。在日誌裡寫下答案。

- 我的靈魂對這個經驗的課題可能會有什麼想法？
- 我可以透過這個經驗，選擇哪種想法和信念來賦予自己力量？
- 我可以採取什麼行動讓自己從這次的經驗裡獲得最多，並幫助自己前進？

生命裡的每一件事，都是你的回應決定了是你，還是這個事件有更大的力量。不論情況如何，你都要肯定自己有重新定義並克服障礙的能力——以及度過這個週期的意願。

不論你正經歷什麼，不論是脫離負債，尋找或療癒一段關係，或是跟身體健康有關——它都是你個人進化的一部分。你必須要有耐心，堅持不懈和自我覺察。如果你不瞭解這個過程，你很可能會就這麼放棄。但請記得，如果你被給予轉化的選擇，而你拒絕了，那麼這個選擇很可能會再次出現——而且是以同樣「有趣」的方式。

易經是將近五千年前所寫的古老占卜書，它提供了處理人生困境的建議。在稱為蹇卦的第三十九卦，說的是在阻礙期，君子以反身修德——將注意力轉向自己並修德養性。這個卦清楚說明身處困難期的一個重要目標：往內心探尋，找到一個嶄新和深刻的意義——以及更真實的力量。

思考你遇到的問題，把你的小我拿掉。從自省中，你會得到啟發、信心和清明的感知力，它們將帶你超越一時的憂慮並永遠支持你。

不要等到問題解決了才要尋找喜悅。生命持續在變化的狀態，如果你相信一定要等到每件事都解決了你才能快樂，那你可能要等上一段非常久的時間。

就在現在，去發現生活中的喜悅，並接受生命的不確定性，存在於順其自然的喜樂裡。

你人生中的每個季節都是你永恆歷程的一部分。你如何使用那個週期的能量決定了你的人生品質和那個經驗的結果。永遠要記得有內在和外在兩種結果。當你繼續向內探尋，你更新了你的力量和你的靈性。當你轉變了你的內在生命，你不只轉化你外在的人生，你也改變了這個世界的本質。

第八章

業力的週期

「意識是靈魂裡那個被點燃的內在光芒……一段音樂，不論刺耳或甜美，都是存在的磨擦所造。」

——喬治・桑塔亞那[1]

就像你個人生命的週期，你的永恆生命也同樣有週期和循環。你的靈魂看得比你的人格長遠，在靈魂的眼中，這個人世轉眼即逝，雖然短暫卻意義深長。就吸引力和命運創造來說，靈魂的特定計畫是個重要的影響因素。

我們知道靈魂的意圖驅動了靈魂投生人世。人生有喜樂與憂傷，哀愁與服務，愛與學習的時候——這些都是因靈魂意圖所產生的一系列龐大經驗。而這個過程可以持續好幾個人世——以及轉世之間。

有些人不太相信輪迴，但如果你看看能量和物質的原理，輪迴真的很有道理。物質會分解，但能量會改變形態；能量雖然改變了形式，但它不會死亡。

你的永恆靈魂就像那樣。你一開始是靈魂能量，然後採用物質形體，也就是肉體形式，同時也一直維持靈魂的能量。當肉體的你死去，你靈魂的能量依然存在，並攜帶著註記在你個人和永恆意識裡的資訊。因此，許多你這世經歷的事乃源自之前的人世——是你和你的靈魂要一起努力的課題。

每一次的人世生命都是你靈魂進化的一部分，也是你永恆身分的部分歷程。當你來到這一世，你可能會忘了你的神性源頭，但你並沒有遺失你靈魂的資料。這些資料反而不斷在增加，因為你一直把現世的活動和新資料存放在靈魂經驗的儲藏室裡。每個來自這一世和其它世的經驗都記錄在你永恆的意識。這通常是（但不總是）你為什麼會遇到周遭的人，以及你現在的人生境況的原因。

追蹤你的業力密碼

許多人對業力的概念很混淆。他們認為業力是懲罰的一種形式，是為了懲罰在某個前世所犯下的不明過錯。業力是能量，但無論如何，它不是懲罰；它是你過去所給出去的能量回到自己身上，好讓你有機會親身體驗。業力不是宇宙給你的刑責。它是你的永恆靈魂選擇去感受特定能量，也是體驗你曾讓自己和他人在過去所承受的情緒的一個機會。

---

1 譯注：george santayana，一八六三～一九五二，西班牙著名自然主義哲學家、詩人、文學批評家。

業力非常複雜，它需要深入且廣泛的探討；我的下一本書會就這個主題做更詳細的說明。由於業力對你所吸引的人與經驗是主要的影響因素，讓我們先對它有些基本認識。

業力在你的生命是非常真實的能量作用。它和能量法則、生命週期、共享意識及其他的靈魂週期一樣，是命運形成的主要元素。

雖然你的許多業力道路是為了學習而規劃，你的靈魂也可能因為其他意圖而做出業力上的選擇。事實上，你的靈魂可能有你根本沒察覺到的偉大計畫。就像父母與孩子的關係，靈魂知道什麼才是真正重要的。孩子可能想要有最新的玩具，而父母可能會滿足他，買給他。但為人父母，就像靈魂，知道將有邁向更重要事物的時候。業力就是這個重要的部分。

你的永恆生命比你這世所能感知到的要來得意義深遠。因此，知道過去曾經發生過什麼，它和現在又有什麼關聯，會對你很有幫助。

靈魂選擇業力模式有三個主要原因：重複，補償和回報／報應。讓我們來看看它們是如何影響你的人生經驗。

1. 重複的業力

靈魂渴望體驗，它也喜歡重複它喜歡的體驗。將靈魂牽引回地球人世的最初原因之一就是肉體／物質上的體驗。飲食的味道，性的歡愉，酒精輕飄飄的感覺——這一切令感官難以抗拒。我們對這些及其它許多事情的開心反應因此記錄到我們的永恆意識裡，並成為我們決定這世經歷的驅動力。

你曾經有對某事很快就能上手而且感覺很自然的經驗嗎？這可能是因為你和那個活動曾經有過業力的連結。如果你學習一項運動或樂器，從一開始就很輕鬆，很有可能是因為你在前世已經玩過了。如果你發現學習某種特定語言對你很容易，你在前世很可能就說過那種語言。而如果你經驗過被稱為一見鍾情的現象，你可以很有把握你以前曾經和那個人相愛。

要瞭解我們在生活裡重複某些事情的原因並不難，但我們需要知道，這種重複的驅動力也會製造出某些業力上的問題。同樣的動力可以成為我們創造命運時難以抗拒的強制力——卻不總是在好的方面。

通常，我們可以從重複的業力模式找到這世對某樣東西上癮的源頭（附帶一提，對事物上癮會阻礙吸引力的運作）。舉例來說，如果你現在有嗜酒的問題，你可能在過去的某一世曾經酗酒，而那個享樂和逃避現實的動力已經深植在你的渴望裡。如果你前世是個慣性賭徒，你的靈魂現在也許已經更新了那個強迫性——不論是以再去體驗，或是療癒它的渴望。事實上，任何你覺得困陷其中的模式都很可能是業力重複的結果——知道這點就能幫助你脫困並繼續前進。

這也同樣適用於情感關係。你可能和身邊的人已經在一起許多次了。它可能是開心的結合，也可能是一段不健康的關係，即使如此，渴望重複的動力也會使你原地踏步。一個健康、快樂的關係是兩個靈魂共同處理課題的安全環境。然而，在不被尊重的婚姻關係裡，就不是這麼回事了。

為什麼我們會重複上癮行為和辛苦的關係？因為我們往往被我們覺得熟悉的人事物所驅動和制約。但這也常常是因為我們注定要重複同樣的情境，直到學會放手為止。事實上，在人類經驗裡，學習抽離是我們主要的目標之一。

最近來做前世回溯的個案卡莉，就是這個情形。卡莉處在一段令她不快樂的關係裡，但她發現自己很難離開。她已經跟這位愛批評的人分手三次，但只要他一打電話給她，她就又回到他身邊。當我們探究她在這段關係裡的能量和信念時，我們發現她之所以無法離開有兩個根源。

其中之一是她從不曾得到父親的認同和喜愛。她的父親從不在身邊，因此她重複地選擇情感上不會回應的男人來重演這個經驗，下意識希望有個不一樣和較正面的結果。這是很常見的現象。有句俗話說，「我們是跟我們的父母結婚」，這就是原因：我們尋找同樣的人格類型，因為我們想解決舊有的情緒和未竟事宜。遺憾的是，問題很少因此得到解決。

然而，試圖療癒與父親間的未竟事宜並不是卡莉感到被困在這段關係的唯一理由。她曾經跟同樣不作許諾的人在一起，但她以前總是有力量離開。而在這個情況，難以抗拒的業力連結使得她一再回到那個人的身邊。

她跟那名男子在一起的前世是歷史上女性沒什麼個人資源的時代。在那一世，她是這個人的情婦，他再三承諾會娶她並提供她富裕的生活，但一直只給她最基本的資助。他總是保證會給更多，卻從來沒有落實。在那一世，她感覺受困，因為她沒有任何技能、沒有別的選擇，或是家人可以讓她求援。「我必須留下來。我沒有任何選擇。」就成了她刻印在永恆意識裡的訊息。

然而，這一世的狀況完全不一樣了。她的經濟獨立而且有能力養活自己。但那個已進入意識的註記——「我必須留下來」——持續成為引導她的能量暗流，但她並沒覺察到為什麼會有那種感覺。

這些資料讓她在兩個重要層面上有所體悟。首先，也是最重要的，她體認到自己必須在情感關係裡停止尋求她父親的認同。她必須成為對自己無條件的愛與認可的源頭。第二，她領悟到自己確實有放下的力量。這個微妙卻糾纏不休的執著是陳舊的業力記憶。當她理解到原因並努力處理這兩個層面，她就能比較容易放下並繼續人生。

卡莉知道了為什麼感到如此受困後，開始進行釋放業力的冥想、寫日誌，並進行本章的肯定語練習，她因此轉換了能量性質。透過這些做法，她也意識到她的自尊和自我價值有了非常重要的轉變。接下來，就是打造一個真實且強大的自我價值感的時候了——她必須放下父親的離棄所教導她的謊言，開始活在她自己的真相，並且，相信自己的真相。

她寫了一個能賦予自己力量的新定義，而且每天都這麼肯定自己。她設下界限並做出榮耀自我，以自己為優先且能帶給她力量的選擇。她了解，直到她能把真正的愛自己當成生活方式之前，課題只會一再地重複，而她再也不想處在舊有的關係形態裡了——不論是跟自己還是別人。

任何重複的模式都能被轉化。我們很容易會對酒、食物、性、賭博、藥物，或甚至情感關係上癮，因為一開始的那種興奮感極為誘人。然而，當一個模式變得有破壞性或不名譽不光彩，你就知道是該清除你意識裡那個標記或程式的時候了。

你可能會在一段關係裡很黏人——或甚至相互依賴；你可能會覺得沒有了某樣東西你就無法生存。然而你的永恆真相是如此絕對：**你就是你所需要的一切**。而不論你的負面模式是什麼，當你轉向自己的內在力量與價值，你就再也不需要重複來自這一世或任何一世的不健康習性了。

心靈解答

如果你注意到自己對事物有過於執著和依戀的習性，譬如對吃、喝、賭博或情感關係上的共生，你現在可能是在重複或補償的一生。不論你的個人渴望是什麼，這一世的基本和潛在意圖就是去發現你內心的真實力量，然後療癒這些過度的依附與執著。

你可以進行以下的冥想。想像你所眷戀的事物隨著雲朵飄離。祝福它，讓它去，知道自己現在就擁有力量。

經常使用左列的肯定語，並做出榮耀自己的選擇和必要的行為改變來支持這些肯定語句。

請求靈魂的協助，鼓起勇氣和內在的力量。你做得到。

釋放負面並賦予力量的肯定語

- 我釋放來自前世需求的所有負面習性。
- 我是堅強的，我現在就可以自由選擇對我健康的一切。
- 我釋放所有不健康的執著（說出名稱或人名）。我是清醒、有力量、有勇氣的。
- 我現在所做的選擇都能帶給我力量。我有一個健康、平衡的人生。
- 我永恆的靈魂引導我。我有力量並願意放下負面習性，走一條更崇高的道路。

2. 業力補償

另一個會帶引到不健康行為和上癮習性的業力之路是為了要做出補償。業力上的補償來自於想要扭轉前世能量的渴望。如果前世的情況很極端，一個強烈想彌補的渴望可能使雙方在這一世互換角色。就跟重複的業力一樣，這會導致過度的反應。

舉例來說，如果你前世經歷過愛爾蘭歷史上因馬鈴薯欠收而發生的飢荒，你可能曾經持續挨餓，沒有足夠的食物可吃。接連不斷的飢餓以及對食物的渴求因此被編碼在你的意識裡。在這一世，你可能仍然被那個飢餓驅動；而由於你現在有足夠的食物，你可能發現自己飲食過量卻從沒真正感到滿足。你這一世也有可能被體重問題困擾——而對於過重的挫折感又會轉為對食物的厭惡和對自己的無力感。這些情緒也會被註記，使得你又經歷另一世匱乏和受餓的生活。

解決問題的答案就在**平衡**和**賦予自己力量**。對你所渴望和抗拒的一切事物建立一個堅定、明智和冷靜的態度。做出健康和合理，而不是出於習慣的決定。當你離開了情緒的雲霄飛車，只要理由正當，你就能吸引到一樣健康的人與情況。

業力補償也會在關係的形式呈現。譬如說，如果你在過去曾經受傷，你可能會把「愛不安全」的結論記在意識裡。你現在可能正照著那樣的註記生活，然後納悶自己為什麼沒吸引任何人。如果你對現在的情況有上述的感覺，要覺察！請記得，不論是過去或現在，你都可以選擇去改變以恐懼為基礎的信念，並且用信任和賦予自己力量來取代舊的編碼。你不想你這世對愛情的挫折導致你下一次立誓獨身吧——會嗎？

這可能有些極端，也有點好笑，但這就是業力補償。高度情緒張力的經驗製造了令人渴望或懼怕的情緒，而你因為這些情緒有著想要反轉情勢的強烈意圖，能量模式的蹺蹺板因而產生，而且往往是基於兩種非常不同的驅動力——過多的渴望或嚴重的抗拒。但請記得，你有力量處理這兩者。

心靈解答

當你將一個較高層次的意識帶到生活裡的極端情況——尤其那些具有高度張力的情緒，你那非有即無、不容妥協的吸引力模式就會停止。

釋放持續出現的執著和錯誤信念，取回你的力量。

認知到你在當下這刻所具有的力量，以及你有不受任何過去影響的自由。肯定地說：「我釋放想彌補過去世問題的需要。」「我是安全的、平衡的，我被永恆真相和當下的力量所啓發。」

業力補償也會是你目前對金錢的體驗源由，不論這經驗是好或不好。曾經有位個案希望瞭解為什麼自己那麼討厭工作。跟必須去工作這事比起來，他事實上並不在意實際工作時的內容以及要處理的事項。他的收入很好，每年有幾星期的假期，工作環境也很平靜，然而一年年過去，他發現自己越來越怨恨生命裡的這個部分。

當然，不想一週工作四十個小時是自然的，但這位男士的反應很強烈。當他進行前世回溯後，他發現了原因。在某個前世，他是個富有的人，過得很悠閒，大多數時間都用在社交活動、美食及生活享受上。在那一世，他恣意揮霍，盡情享受金錢和許多女人，他不關心身邊的人也沒什麼人道關懷。到了晚年，他有許多悔很——其中之一是他揮霍了所有的財富，另一個是他一直很自私卻不自知。這些體認使他想要下次有不一樣的做法——以新的方式來體驗這個世界。

他的靈魂的首要意圖是去學習多欣賞和感謝一切，包括金錢，並且去瞭解金錢的價值，不要太漫不在意。註記在他下意識的結論是，如果他必須為了錢工作，他將更懂得感謝。此外，這一世帶給他建設性的機會，他會因為工作而看到工作的價值。

他對工作的怨恨只是出於他對不受約束的前世生活的殘留渴望，但他現在知道，那不是他的靈魂想要的。他於是重新定義他的工作，也找到了更多讓自己享受工作的方法。他變得對工作所帶來的金錢更感謝，也更欣賞和看重自己，因為他看到作為一個有生產力和負責任的個體所帶給他的生命價值。

瞭解自己的過去徹底轉換了他看待自己的觀點。他感覺自己像另一個人，活在一種他從沒有感受過的平靜裡。他深深感謝周遭的人與事。他已經實現了靈魂的渴望。

3. 業力的「報應」

報應的概念是業力裡最難瞭解的部分。它看來像是懲罰，但它不是。跟補償一樣，它是能量的反轉，但它的設計是透過個案體驗他自己在前世所製造的同樣能量來啟發。舉例來說，如果你在過去世很愛批判和挑剔，你可能會在這次地球人世的某個關係或互動裡體驗到被批判的感覺。這會使你知道被那樣對待是怎樣的感受，這個經驗因此提供了你往更高階意圖前進的機會，使你變得更親切和仁慈。

但是，這個被註記的意圖事實上也可能使你陷入更深的負面模式。比方說，你在前世的婚姻裡曾經受虐。你可能體驗到極大的痛苦並對那樣的對待感到憤怒，你因此在未來世的意圖裡埋下了敵意和報復的渴望。這使得你極有可能再跟同一個人體驗一段關係，而這一次，你是挑釁／攻擊者，另一個人則是受害者。你雖然報仇了，但你的靈性肯定不會進步。

這類角色轉換，事實上在婚姻和父母／子女關係裡很常見。這個過程會很有情緒張力，可以一直這樣下去好幾輩子——或至少直到有一方終於決定追求真正榮耀和愛的道路，選擇前進到一個更高的生命狀態的時候。

心靈解答

你不須為了「還」債而回來重新體驗角色互換的人生。你所必須做的，就是創造釋放的意圖。活出你真實的力量，並知道你值得自己的照顧，不要活在消極或挑釁裡。祝福自己從這段關係獲得的體驗和知識，並前進到能夠榮耀自己和生命過程的意圖。

你所經驗到的關係都是有原因和目的的。

當你想到一個在相處上有問題的人，送給他們你靈魂的愛和溫柔的療癒之光。

使用以下的肯定語：我放下過去。我看到並榮耀自己永恆的價值。在每一個關係裡，我說出我的真理並為自己採取行動，我尊重自己和別人。我可以自由創造出與自己和周圍每個人嶄新和健康的關係。

研究業力很有趣，而且了解以前的事件是如何影響你現在的關係和處境會非常有幫助。你可以透過回溯催眠知道跟過去有關的各種引人入勝的資料——但你也可以**現在**就找到你的課題。你要做的就是注意你現在這一世的模式。留意你在哪裡失去力量，你在什麼情況下會錯誤地試著透過敵意、操控或逃避來得到力量？問問自己：我的靈魂試圖要教導我什麼？我應該改變的觀點或轉變的態度是什麼？把答案寫在你的日誌裡。

靈魂的課程通常都跟真正重要的事——自愛、慈悲、在生命裡找到平靜與真正的力量，同時也幫助他人創造這些品質——有關。不論你現在的模式或困難是什麼，你靈魂的渴望永遠是要朝真實和真相前進。但在我們的社會，這些卻是很稀有的價值。不論是愛、力量或價值觀，靈魂的意圖永遠不會是欺騙，不是表相，不是膚淺；靈魂的意圖不會有錯。而你在這裡的經歷就是要提醒你這點。

因此，不論你現在的生活如何，你都可以探究到底是什麼阻礙你，並釐清要如何向前邁進。問問自己：

- 我要怎麼在這個情況下，讓自己的思想和行為都是誠實、真實的？
- 這個經驗蘊含什麼靈性真相？
- 我現在可以做什麼選擇來榮耀我的真相和價值觀？

深思你的處境，打開心，接受靈魂的答案。

準備一本筆記本在身邊，一接收到任何答案就能快速寫下來。放在床邊也是好方法。通常你的靈魂會在夢中指引你。事實上，你可能會對答案來自四面八方感到驚訝。由於你的靈魂會支持你光榮的選擇，它永遠會引導你。

靈魂的選擇和共享的業力

你的靈魂除了選擇你的課題，也選擇影響你創造命運的其他因素，那就是你出生的環境。你的環境、你的家人、你的出生地和你住的地方——所有這些都是你靈魂過程的一部分，通常也是你業力的一部分。你如何應用這些元素，決定了你在人格和靈性上的進展。

雖然環境的多變無可避免地會影響你的命運，但你的未來如何並不是非得由它們決定。當然，如果你出生在中國一個偏遠省份的稻農家中，你不太可能成為莫斯科大劇院芭蕾舞團的一員——不大可能，但在這個日益縮小的世界，也不是完全不可能。你的靈魂給了你現在的家庭和環境是有原因的。有時候為的是要在其中磨練，有時是要學習離開。與其被你的環境定義或限制，你的靈魂和你活出真相的選擇，可以幫助你往前邁進。

我們看過許多出生困苦且生活充滿艱辛的人獲得偉大成功的事例。作家和激勵演說家韋恩·戴爾博士，從小因為父親不在身邊，母親又非常窮困，年輕時大都住在孤兒院和寄養家庭，但他卻寫了許多本好書，啟發世界各地許許多多的讀者。

歐普拉（Oprah Winfrey）出生在南部的貧窮家庭，但她並沒有讓環境限制她。她也啟發了無數的人；她的靈魂選擇更高階道路的意圖已經在許多個人、家庭和社區的生活裡，創造出戲劇化和正面的改變。這兩位——和其他許多人，包括你和我——的愛的能量，滋養了擴展的影響力法則，以加速的比例在這世界散播更高的意識。

我們與他人之間所存在的連結是無庸置疑的。我們從內在本質與這個星球的每一個人相繫，並與我們的家人和友人密切連結。為了尋找愛與圓滿，過去世的結把我們帶回彼此身邊，我們的靈魂會為了平和的解決問題而努力，直到達成為止。

共享的業力——和它帶來的課題——是看似難以理解的困難關係的原因之一。假設一個家裡有個孩子生病了，這可能是所有家庭成員的靈魂都有意願要一起努力於某件事。或許某個前世改變了他們看重的事項或使得他們失去信心，而現在的這個經驗可以讓他們學習去信任一個更高的力量，並重訂他們覺得有意義事項的排序。也或者他們共享的意圖是重建對永恆生命本質的瞭解。

當然，在這個經驗和絕大多數的人類經驗裡，都有關於永恆的愛與信任的課題；還有靈魂永生並把靈魂的光與清明帶給每個人的覺知。擁抱這個真相會產生深刻的平靜，是一堂能夠豐富我們全體的寶貴人生課程。

不論你經歷什麼，當你選擇活在愛和信任裡，你也就在身邊的人的生活中散播了這些品質。你所必須做的就是追隨你靈魂的道路。你的靈魂有美好的意圖，雖然它有時會帶你到你不喜歡和不想要的處境。

在每個經驗裡尋找被隱藏的意義，在其中你或會發現通往天堂的路。

學習的週期

通常業力課題可能深埋在一個主要議題裡。就跟大多數人一樣，你的靈魂會驅策你去體驗和瞭解某個**生命課題**。你可能會因此被引導到一個跟你個人想追求的繁榮富裕很不同的方向。你也許有想中樂透的渴望，但你的靈魂可能想要你學習愛自己。從永恆的觀點來看，你認為哪個比較重要？比較能豐富與充實生命的價值？

你的靈魂意圖永遠會引領你到一個更為豐盛的心靈財富。打開你的心，接受這個真相，因為不論你的靈魂要你學習什麼課題，如果你沒有意願，不願意下功夫，你可以確定，這個課題將會一再出現在你的人生。

事實上，生命課題是你為什麼會一而再，再而三經驗到同樣議題的最主要原因之一。它在你的永恆生命的過程裡，是非常重要的優先事項。

左列是一些最常見的生命課題：

- 自愛
- 說出你的真相
- 找到一個較高的意義和目標
- 放下執著或上癮的習性
- 崇敬
- 平靜和自制
- 真實地賦予自己力量
- 誠實正直的生活
- 慈悲和擴展的一體

很多時候，我們的課題跟個人成長有關，這通常表示不要沉迷在自我慾望的立即滿足上。它也是召喚我們，不論面對怎樣的處境，都要超越疑慮和恐懼，走入信任和恆久不變的信心。

所有的生命課題都是影響吸引力的重要因素。對你的心和靈魂來說，課題最重要。而當你進入那個崇高的決定，你將發現你真正的渴望裡蘊含更多的力量。

因此，如果前述的任何問題重複在你的生活裡出現，你的人生的主要目標很可能就是要去解決和掌握那些課題。但是，療癒這些問題並不是你靈魂的唯一動機，而且你的課題也不是屬於你一個人。有時候你來到這一世，為的是教導和分享你已經學到的。教導、分享和給予，這些都屬於靈魂對愛的分享意識。

靈魂從服務別人得到莫大的喜悅——喜悅到你發現你人生中的某些時期，或甚至全部的人世生命，自己都是在愛的服務的週期裡。這會需要付出許多努力，卻一點無損於你的喜悅。如果你讓自己沉浸在服務的喜悅裡，這個付出的行動本身就是回報。就像精疲力竭的父母在聖誕夜拼裝玩具，但當看到孩子收到禮物時的開心，一切就都值得了。

事實上，分享自己不必是辛苦的。你會發現，當你學到了你的生命課題，你會非常有力量和興奮，你會想要為身邊的人服務，想要去分享你的能量。關鍵在於**平衡**——真誠的動機搭配光榮的行動。你的時間和生命能量不但對你自己很珍貴，它們對這個世界也很重要。你為自己和他人的服務是以指數擴展的一份禮物。

你生命裡的所有季節——包括個人和永恆——都提供了豐富的機會。你靈魂意圖的光，將引領你度過付出與接受，學習與成長，努力與享受的許多人生週期。

愛是一門重要的課題；它也是最偉大的服務，最美好的禮物。當你把愛帶入你的意識，即使只是片刻，你永恆的靈魂都在微笑。然後感謝的能量會擴展，放送出瀑布式的連串感激，觸及遠方不知名的靈魂——那些走在追尋自己真相旅程中的兄弟姐妹們。在那個時刻，雖然外部的物質世界好像沒什麼改變，但你的成就是偉大的。

分享愛是靈魂的最高渴望，它也是你最深、最重要的吸引力振動的源頭。

第九章
掌握奧秘

「每個人類的心裡都有一個特別的天堂，完整、沒有破碎。」

——帕拉塞爾蘇斯[1]

當你更進一步地檢視影響人生的各種不同作用力，你會發現許多因素明顯地糾結在一起。你可能會認為有太多需要釐清和努力的層面，但正因為有許多要處理的，你必須要願意更清醒、更有意識、更謹慎、更誠實地回應一切發生在你身上的事。

畢竟，許多東西可能會影響你的健康，但這不表示你可以對自己不負責。是的，環境和遺傳會是影響健康的成因，但你可以透過控制每天生活裡的身體因素，譬如運動、吃得好、充份休息來顯著影響你的健康。如果說，你因為無法控制先天的身體因素，就什麼也不做，這樣有道理嗎？

你的個人命運也是一樣。你可以說，「做這些有什麼用？」但是你的缺乏覺知和沒有目標的方向只會使已經存在的問題更加惡化。你不如在日常生活中採取行動，努力療癒問題並轉變模

1 譯注：Paracelsus，中世紀醫生和鍊金術士。

式，朝你夢想的方向繼續前進。

你一直都有選擇去使用意識的力量改變任何逆境，並創造一個不同的方向。意識的力量能夠幫助你度過艱困週期，並發現蘊藏在困境的價值和啟示。事實上，你可以把被啟發的觀點和內在力量帶到過程裡的任何階段。

度過人生的不同週期是有方法的，但在我們檢視這些步驟前，還有一個重要的力量要探討。

陰與陽的翹翹板

對我來說，陰與陽的古老象徵是很有力量的隱喻。事實上，我把這個圖像用在最近一本書的封面，表示相臨的可能性。我用這個象徵來提醒大家，在每個時刻，我們都有許多選擇。然而，陰和陽的力量遠超過隱喻；它們是在宇宙間移動的真實能量。陰陽也是大自然流動和人類過程的週期，代表從被動到主動，再回到被動。

人生有些時期，就是需要柔順和接受；事情看似風平浪靜，表面之下卻在醞釀巨大的改變。這些是陰週期。在這期間，事情的發展常召喚你重新思考平日的活動。你平常可能習慣於主動進取，這是典型的陽能量，但如果你發現自己是在陰週期，或許是順其自然並找到一個跟目前生活裡的內斂能量較和諧的做法的時候了。

如果你覺得封閉、消極，甚至有被困住，什麼也不能做的感覺，你就知道自己是處在陰性的週期。陰是安靜的時期，它跟基本直覺、構思，醞釀和聚集能量有關。也因此，它是很棒的接收和感受期。如果你是在陰週期，你更需要了解它的性質，因為你絕不會在寒冷的十二月種下美麗花朵的種子，然後期望它們在春天盛開。這不是和你所處的能量週期並肩合作，而是在對抗大自然的力量；有時候，你的人生，你的靈魂或是宇宙，會要求你先停下來重整再繼續。

有句俗語說，「當海上刮起暴風雨，漁夫留在家裡修補魚網。」但這句話並不只是應用在捕魚。當你的人生海洋起了風浪，你也許有需要修補的東西。往心裡走，探索究竟是怎麼回事。整理思緒和認真反省。依步驟走出週期——不要含糊度過了一個最有利於反思和內在改變的時期。

有時候你面對的會是相反的情勢，你發現自己不斷地採取一個接一個的行動。這是陽性能量的期間——能量外放，適合行動的時候。它們通常啟動新的開始和重要的外在變化。

陽性週期可以推動你進入活躍期，增加你的行動力。舉例來說，一個船員在海上遇到暴雨不會只是進到船艙下修理漁網。他會趕快去調整船帆並控制船舵。以上兩個例子的環境雖然相同，但依照個體對情勢的目標會有兩種不同的回應。

這在現代世界也一樣成立。許多人把近來的經濟表現視為陰性能量的有力例子，我也同意。身為一個社會，我們需要反思我們過去的模式並修正我們對金錢的態度。這段時期指出了我們作為群體意識所必須採取的內在改變。

然而，有些人在這段期間也絕對是處在陽性的回應。他們收購法拍屋、擴大發展，甚至開始新的事業。你需要學習認出自己的能量週期，不必不加思索或輕率地跟隨群體意識。了解群體意識在你生命裡的動能是有幫助的，但你要依照自己的能量階段來做出決定。這是為什麼認出你所在的週期是向前邁進的第一個重要步驟。

走過週期

有些方法可以幫助你充份利用你所經歷的一切，其中最重要的，就是把你的意識帶到所有的經驗裡。如果你沒有覺知的生活，你就失去了許多能賦予自己力量和充實自我的機會。如果你對你的生活較有意識或覺察，而且知道原因，你就能做出會帶給你更大滿足感的明智決定。

事實上，這通常是你面對人生內在與外在挑戰的原因。達倫・魏思曼博士（Dr. Darren Weissman）稱這些挑戰為「徵兆」，它顯示某件深藏在潛意識的事情需要處理。這是很重要的一點，因此，讓我們來看看有哪些步驟可以幫助你達到更多的覺察和更強大的目標感與力量——不論你是在什麼週期。

步驟一：認出所處的週期

有時候你無法催促週期的發生或結束，然而，你如果想療癒或轉變你所處週期的能量，先辨識出它們會很有幫助。

你是在失去的週期——一個從結束到開始的過渡期嗎？如果是的話，先認出它帶給你的變化。也或許你是在經歷個人或職業變換的轉換期。也或者一個新週期已經開始，而你正在成長和擴張。不論你正經歷怎樣的旅程，重要的是認出它，你才能前進。即使你覺得自己是在持續期，維持著一個好似什麼都沒有改變的狀態，你仍然有機會運用這段時期成長和轉換意識。

以下四個原因說明了辨識所處週期的重要性。

1. 你可以更容易地調諧自己與這些自然能量，創造出更理想的同步性和能量流動。
2. 瞭解你現在的週期可以幫助你釋放抗拒——這會使你自在，願意接受，也會使你的心更平靜。
3. 使你更瞭解你的個人目標，以及人生經驗的意義。
4. 在靈性和個人兩個層面上，知道你所處的週期會帶給你向前邁進的智慧，並幫助你克服困境，進入下一個週期。

這個辨認的步驟很重要，我一位個案最近就有這樣的體認。

小琪在工作時總遇到不友善和喜歡競爭的同事，她不擅處理這種情況，所以經常換工作，但她和新同事依然有同樣的問題。這次她又考慮離職，但一直沒找到新的機會。

由於這一回換工作沒斬獲，我認為她可能正處於陰性週期。我建議這是反思她一直遇到的問題的好時機。在探討了幾個事件後，我們瞭解到她一直是以消極抵制，也就是被動式攻擊的方式回應問題。她容許自己被欺負，直到受不了了才終於爆發。

她於是執行新的做法；她的態度變得比較堅定，並從一開始就說出她的想法。起初這對她很困難，因為她只體驗過兩種完全相反的反應——默默順從和情緒化的自我防衛。然而，有了勇氣和透過練習，她開始能夠在適當時候為自己說話，清楚、堅定、平靜、不帶情緒地表達自己。結果，她的同事變得對她比較尊重，她也發展出較好的控制自我的能力和自我實現感。

小琪不再覺得需要逃脫現有的工作環境，但她了解到她部分的挫折感是來自她渴望一個更能激發潛力的工作。她依然計劃轉業，但在同時，她越來越能享受她的工作，並且改變了她向來與人互動的方式。透過這個深刻和徹底的內在改變，她在未來將吸引到不同形態的環境和尊重她的同事。

小琪雖看似被困在這個週期裡，但這實際上是一個主要的轉化期；如果她沒有辨認出來，她就無法採取必要的步驟去發現原來她有能力做一個尊重自己、堅強和自主的人。

步驟二：打開你的心，接受靈魂的協助和指引

你一直都有管道獲得豐富的資訊和力量。你看到障礙的地方，你的靈魂看到**成長**。在你看來的困難，你的靈魂看到**機會**。所以當你花時間仔細思考從外在觀點所接收的情況，你將會有完全不同的看法。這個靈性的觀點會幫助你對局面有更平和的瞭解，而不是恐慌或感情用事。你不再是個受害者，你對靈魂意圖的覺醒將帶給你扭轉情勢所需的一切力量。

因此，靜下心冥想，請你的靈魂告訴你目前經驗裡的深層目的。不論情況是好或壞，它都有一個更高的意義。打開你的心，接收來到的指引。你會驚訝於它帶來的啟示與平靜。事實上，這個與你的源頭和更高力量的連結是你從探索經驗中所能得到的最棒的禮物之一。

有時候，你從探索中發現的力量正是能夠幫助你渡過難關的力量。我有一位朋友就發現自己處在被迫轉化的時期。她有酒癮，就跟許多個案一樣，她終於到了一個她必須放棄酒精，要不就失去一切的臨界點——失去她的男友、工作，甚至朋友。她向靈魂求助，並開放心靈接收指引、力量和紀律。這對她並不容易，但她終於能夠控制她的酒癮。她發誓若沒有靈魂帶給她指引和力量，她就不可能做到。

除了要求指引，也記得要引導你的意圖到更高的振動和個人目標。向靈魂世界、宇宙和自己宣告，你已經準備好接受更棒更美好的事物。你尊重並克服困難的意願，事實上會加速事情的進展並移除阻礙。永遠要知道，你可以更容易地向前邁進，因為你已經跟永恆及無限的內在力量連結上。

因此，不論面臨什麼，永遠不要忘了這個真相：**你最偉大的力量存在於你的靈魂**——你永恆生命裡平靜祥和，沒有對抗掙扎的地方。縱使一切令你失望，你選擇安住在那個平靜、有力量的地方的決定，永遠都會帶你度過艱難時刻。

不要忽略了這個開放自己，接收靈魂的平靜與力量的步驟。靈魂屬於更大的真相，許多人運用吸引力法則的時候，經常會忘了靈魂的引導。

步驟三：尊重經驗帶給你的感受

大多數人從來沒有想過他們想要如何經驗人生週期的情緒。他們傾向於直接反應，沒有意識到他們可以選擇情緒。當一切都很美好的時候，當然，他們體驗到快樂。而在困難的時期，他們就以難過、生氣和哀傷回應。

然而，情緒週期就跟經驗本身一樣，它們都是過程。如果你的生活裡失去了什麼——不論是結束一段關係或是失業——你必須尊重哀傷，抒發因哀傷而有的一切感受。但是，你可能不願意陷在情緒裡——因為太痛苦，也或者你覺得這樣太負面。但請記得我們稍早討論的關於吸引力法則的真相：沒有表達的哀傷會停留在你的個人能量場；即使你忽略它，這個微妙卻瀰漫的共振將使焦慮、煩亂和悲傷的振動持續。

從另一方面來看，如果你把情緒表達出來，那個能量就脫離了你的生命力的振動。透過說話、書寫或哭泣表達你的真實感受，使陰鬱情緒離開你的意識，如此你才能療癒並前進到更好、更有希望的結果。事實上，當你尊重並釋放你對負面經驗的感受，這不只能改變你的經歷，也能改變你整個生命，因為它允許你看得更清楚，感受更真實並採取更健康的行為。

不論你的感受是什麼，你都可以表達它們而不失去你的力量。如果你發現自己落入了受害者的心態，那就選擇取回你的力量。繼續健康地抒發受傷或憤怒的情緒，但要認知到，雖然你有那些情緒，你並不被它們限制。

使用下列肯定語：

- 我可以有強烈的感受，我是安全的。我知道這是過程的一部分，我是堅強、有韌性的。
- 我誠實和適當地表達我的情緒。我發自內心愛自己。
- 不論我現在感覺如何，我知道我內在擁有療癒和創造快樂人生的力量。

步驟四：找出情勢裡的真正意義並認出需要做出的改變

不論你經歷什麼——好或壞——在每個經驗裡，總有一份禮物，一個課程或是一個機會。存在於任何情況的真正價值就在於發現它隱含的意義和目的——然後做出必要的改變。

遺憾的是，大多數人因情緒過於投入，完全跳過了過程中的這部分。一個男子因為沒得到升遷，好幾個禮拜，幾個月或甚至幾年來，他總是帶著怨懟和被背叛的感受去上班。一個女子被男友甩了，她因此下了結論：沒有男人可以信任。然後鎮日活在絕望和渴望裡。

這些都是應該要表達的自然情緒反應，但是它們不該被當成生活的方式。這些情緒不表示這個情況的真相，不代表真正的意義和涉及其中的課題。這類的反應也無法鼓勵療癒、快樂和產生更高振動所需的改變。

一味沉浸在痛苦裡會使你錯過生命中某些最重要的機會。人們認為他們的人生機會是以新工作或認識新的人脈的方式出現，但這些跟個人成長和深度瞭解自己的機會相較下，重要性與意義便相形見絀。

每次轉化都是學習的週期——不論你是否選擇要善用這個機會。

在每一次困難和喜悅的時刻，都有著更高意識或個人成長的基本目的。生命提供了許多的課題，而它們通常指向你如何看待自己和周遭的世界。

在許多課題裡的一個大哉問是：不論發生什麼事，你是否會去**愛**、去**接受**和**尊重**自己？直到你的答案是肯定的之前，你會一直經驗到被他人和這個世界不尊重而產生的自愛問題。

愛自己和看重自己需求的課題會要求你不只對自己好，你也要期待能被友善對待。這在每個關係來說都是如此，不論是戀愛、友誼或甚至職場關係。

你選擇榮耀和尊重自己必須是發自內心的堅定意圖，它也必須延伸到外在世界。在任何關係裡，你都值得被禮貌對待和尊重。當你在心裡這樣對待自己並要求他人時，你就學到了一個主要的人生課題。這會在意識上產生重大的轉變，而它將以驚人的美好方式呈現在你的生活裡。

選擇**愛自己**和**尊重自己**佔了吸引力拼圖裡很大的一塊面積，但這在所有的人生經驗裡只是學習的項目之一。人生也有溝通和自律的個人課題。有學習信仰和信任的靈性課題。甚至還有策略上的課題。策略上的改變會是最容易的，但它們也會被忽略。

曾經有位個案為了他的音樂夢來找我。他能作曲、演唱，彈得一手好吉他和鋼琴。阻礙他夢想的是他所在的位置。他住在俄亥俄州中部的小鎮——不是一個有利於建立或開創音樂事業的地方。雖然他在當地的一些酒吧表演，但他知道，如果他不搬到一個能提供他更多機會的環境，最多也就是這樣了。這個問題屬於策略上的改變，它表示離鄉背景，但他的家人願意支持他實現夢想。

有些課題合併了所有議題——策略的、個人的，還有靈性的。深入探究情勢去發現究竟是怎麼回事——和你需要做些什麼——是你所能做的最有力量的決定之一，它可以完全改變你的人生，而變得有意識就是這麼回事！所以請不要對生命裡的真正議題視而不見，也不要被你的小我對事物的詮釋給分心。

鐵達尼號不是因為撞上冰山尖端而沉沒；它是因為撞到了隱藏在平靜海面下的巨大障礙物而下沉。你的能量障礙就像這樣。某個情況可能看來沒什麼大不了，不去管它，然後用同樣的老方法回應似乎比較容易。但請記得，如果你採取這個方式，你的夢想可能會因掩蓋在你覺察下的事物而沉沒。

當你把意識帶到你人生中的所有經驗，你就擁有真正的力量。而只有內省和檢視才會帶來改變的能力。沒有自省，你還是會任由舊習性與能量模式擺佈，然後對它們無能為力。但當你開始探究某個局面的真正目的，你將發現其中的課題，你因此能夠選擇面對、清除，然後前進到更美好的事物——或你也可以選擇迴避，卻在日後重複同樣的經驗。

步驟五：決定你下一個想去的方向——然後開始採取行動

學習一個課題可能會要你做出不同的決定，像是放下已經沒有效用的事物並建立新的做法。它可能是培養一個你以前沒有的嗜好；也許是架構一個健康和樂觀的新信念系統。你也可能會需要採取療癒或重新定義自己的步驟。不論是什麼情況，讓自己對需要採取的行動保持開放。

有時候新行動的想法會來自跟類似想法的社群連結。有時候行動是內在和自省的；而在其他時候，行動會是外在和實際的。

要找出該採取什麼行動，你要問自己兩個問題：

1. 我在現在和未來想要實現或成就什麼？（這包括內在成就）
2. 我需要做什麼或是採取什麼不同的做法才能達成？

現在你可能認為你已經在往你想要實現的事上努力，但如果你是在轉化或障礙期，那麼也許你應該做的是其他的事。這就是週期循環的意義；你必須知道你所處的週期，把它當成提示你下一步方向的訊息之一。

即使採取的行動只是內在層面的，譬如轉變意識和得出新結論等等，它們在能量領域仍然非常重要。成就發生在許多層面，雖然它可能不會很快地在外在世界呈現。大多數人認為金錢和資產上的成功是今日社會代表成就的主要象徵，但是，真正的成就是來自許多心靈、心智和靈魂上的小勝利。因此，讓自己先採取這類內在層面的行動，你會因為得到該如何進行外在道路的啟發而感到訝異。

心靈解答

認出你所在的週期，將自己與它的能量調諧，使這個時候的力量最大化。對靈魂的指導和無時不在的力量開放。

尋找蘊藏在經驗裡的真正目的。

請記得：是你定義你的經驗，不要讓你的經驗來定義你。

當你有了清晰的理解並採取內在行動，你對轉化和前進就更有準備了。你將發展出採取外在行動所需的自信、智慧和洞見。經過一段時間之後，這個週期帶到你生命的內在益處將以真正具有價值的方式顯化在物質世界。

再次離婚

我本身體驗過把意識和意圖帶到困難期所產生的不同結果。當我的前兩次婚姻結束時，我都必須走過這個週期的過程。在第一次離婚期間，我表現得沒有意識，像是沒有知覺一樣。我讓自己麻木地度過整個過程。表面看來，我沒怎麼表達氣憤和哀傷，但這些情緒埋在我心深處。我對自己下一步要做什麼毫無打算，只知道我的婚姻結束了。現在回想很難相信，但在當時，我根本沒有去想自己在想些什麼。

這是很大的錯誤。那次婚姻對我是個折磨，我因此對男人和情感關係有些很負面的想法。但除了走過了那段經驗以外，我什麼也沒做。我靠自己的力量糊里糊塗地度過，然後開始跟別人約會。我沒有覺察到自己有改變的機會，我不明白哪裡出了錯，也不知道這個經驗是為了要帶來什麼人生體悟——我甚至不知道我有為未來設立新意圖的選擇。

而我毫無覺察的態度和情感上無意識反應的結果，就是讓我在第二次婚姻裡又有重新再經歷一次的機會。

這一次，我決定用不一樣的方式處理每一件事。我在床邊放了筆記本，每當生氣或難過時，我把這些情緒寫下來。我用寫信的方式對我前夫說話——不是要寄出去，而是宣洩——每次一有情緒（不論正或負面）我都這麼做。

我發現我體驗到各種感受：我渴望感情關係能夠繼續，我對關係結束感到解脫，我氣我的前夫，但我也感謝他。這類衝突的情緒都是哀傷期裡很自然的部分，而透過書寫，我終於能夠獲得平衡與控制。

我也透過書寫去辨認和扭轉了關於我的價值、我的世界和未來的負面結論。我原先有這樣的想法：外頭沒有好男人；不可能找到一份開心和健康的感情。但透過書寫，我能夠認出並改變了這些有害的說法。我寫下新的想法，像是：我值得擁有一個很棒的感情；這世上是有好男人存在；不論我是不是在發展一段感情，我都會有很棒的未來。我冥想這些陳述句的真相——還有我值得擁有的真相——來確實鞏固這些意圖。

我也擬定了靠自己的計畫。從這兩次經驗，我發現自己太依賴男人，我想更自主更獨立。於是我訂了能讓自己更有能力和自我實現的計畫與具體步驟。我也為未來設了新的打算。我意圖為自己打造一個不依賴男人也能快樂的生活。我也計劃多做一些我喜歡的事，像是滑雪，還有在先前關係裡放棄的激流泛舟。

最重要的，我決定對我的下一段感情有不一樣的做法：我發誓說出我的真相，尊重自己，並合理要求對方尊重和友善的對待。我下了決心，我知道自己再也不會委屈求全。而雖然我沒有再婚的渴望，我列出了我想要下一個約會對象所具有的特質，包括了懂得尊重、健談、能溝通、風趣和穩定。結果，這些就是我得到的。這樣的人正是我現在的另一半。

靈魂世界事實上也有幫助我。我在當時透過冥想，得到一個很棒的觀想，它現在在我《啟動吸引力》CD的「吸引愛」裡。我想像一個全息圖像的高我送出我想要的品質波。我知道它們向能量界移動，而我也透過有意識地在生活裡活出那些品質來支持這個意圖。除了採取內在和外在的行動，我每天晚上都進行那個全像觀想。

這個經驗徹底啟發我，為我的生命帶來改變。我經歷過兩次離婚的週期，但我用截然不同的方式來面對和處理，因此吸引到不同的結果並不令人訝異。我現在的伴侶穩定、可以信賴、可愛、有趣，非常有趣——這一切都是因為我面對了那個週期，而不是只糊里糊塗地度過。

你也可以做到！不論你現在處在什麼週期，都讓它成為你的轉化期。認出你在經歷什麼，然後抒發和釋放情緒，並且尊重與榮耀這整個過程。

擬定計畫，設定意圖，然後記得在你每天的生活中，不論是在思想還是決定，都以具體行動支持這些意圖。你的意識有力量打敗逆境，但你如果在困難期依然持續無意識的生活，你只是把力量送走。你可以選擇擁抱那個經驗，並且放下小我和你對結果的掌控欲。

做好內在功課，然後看看你的永恆道路會引領你到哪兒。

活在愛和信任的意識裡，你將發現，你的困難期變成了不可思議的新開始。

第三部

是真相還是後果？

每一天，每個小時，每個片刻，我選擇我想看什麼，
我選擇我想聽到的聲音，見證我想要的真相。

——奇蹟課程

第十章
生活裡的謊言

「暴露你的感受，不論有多痛苦、煎熬和謙卑，只有當你的痛苦、哀傷、苦惱和恐懼都被拋開，你才能找到真正的存在，並看到那恆久在你靈魂深處流動的力量的本質。」

——安德森[1]

一旦你察覺到能夠影響命運創造的各種不同因素，你就有了組成這塊巨大和美麗拼圖所需的一切圖塊。要瞭解它們如何組合，需要一些時間思考，而這也表示把你的意識帶到生活的每個領域。

覺察你的較高意圖；放下急迫，放下掙扎對抗，以感恩、平靜和覺察走過人生週期，這是你能做的最有力量和最能使你自由的事之一。你可以透過退後一步，以一種更大的理解來看待你的經驗所隱含的意義和選擇。而在所有事物之下，很可能有一個主要的因素，而整個過程的真相就奠基於此；它是最重要的一片拼圖——其它的拼圖因它而完整組合。這塊拼圖就是你的「身分」，它提出了一個非常重要的問題。

重要的意識問題

你曾經活在謊言裡嗎？即使只是很小的謊言？不要太快否認。你可能甚至沒有注意到你的人生多年來一直是在往那個方向移動。就像其他人一樣，你很可能已經習慣戴上那個掩蓋你的真相缺口的面具。那道缺口可能是一道很深的裂縫——一個深入你靈魂的傷口。

為了療癒阻隔在你的永恆靈魂和人性間的距離，有兩個重要的假象必須被導正。如你在第六章學到的，介於靈魂意圖和小我渴望之間的縫隙是真相被撕裂的地方，它必須被正視和處理。但同樣重要的，是你靈魂的偉大身分和你現在的自我定義間的分裂。

一旦我們陷入人世經驗裡的戲劇和情緒，在我們如何看待自己和我們所記得的靈魂真實身分之間，就會產生很大的差異。這個根本的裂痕在人類經驗裡創造了嚴重問題。在我們的記憶深處，我們知道我們的靈魂定義了我們是**永恆**和**有力量**的；我們是無限價值的光體，我們和一切創造力及愛的源頭密切相連。

從人世經驗的另個角度來說，大多數的人甚至不去思考他們是如何定義自己。但如果我們去思考，我們大概會依照人類的限制來看待自我——而這些限制是被過去的歷史和持續扮演的角色所驅動。我們可能因為特定的童年劇碼，以一種混亂、困惑、渴望或不滿足的情緒暗流度過我們的人生。我們試圖補償覺得錯過或失去的人事物，我們不斷努力修正對自己和在生活裡挑出的缺

1 譯注：Uell Stanley Andersen，一九一七～一九八六，神秘主義者。

點與錯誤。

但是，這個由自我欺騙的暗流所運轉的錯誤生命力，只會帶給你不斷的失望。你生活裡的謊言最終將背叛你，它事實上也會成為障礙，而不是成就的來源。因此，你必須探究的最重要真相就是你自己的真相！畢竟，當你不自覺地活在——並投射出——謊言時，你很難跟宇宙的真實能量調諧一致。

請記得這個跟吸引力有關的基本真相：**宇宙回應的是你的整體生命力，並不只是你的表面意圖。**這是當人們試圖創造一個不同命運的時候，許多人忽略的一個關鍵因素。而你可能還沒理解到的是，當你繼續投射一個基於過去的錯誤信念所產生的意識，是很難創造出嶄新和有進展的未來。

你的生命力——你每天的能量和意識創造——是你持續快樂或不快樂的產生器。就這點來說，它在宇宙裡代表你，並且是你吸引及顯化的中心。雖然在先前章節所討論到的其他因素也會影響命運創造，但持續且有意識地努力去轉變你的生命力能量，是你要改變你現在的生命品質和未來結果這兩者上，所能做的最有力量的事。

心靈解答

意識創造實相並不是因為你專注在想要的事物上而達成。為了改變你在這一世的經驗，你必須清除不健康的觀念認知，拋卻過去的習性，並對你的真相所蘊含的力量覺醒。

一個很重要的問題是：你想繼續活在跟過去一樣的日子裡嗎？還是想使用當下去創造一個新的真相和新的未來？這是你所能做的最崇高和最有益的決定之一。

當你有意識的選擇你的自我定義，你就完全改變你所體驗和吸引的一切事物的本質。

黛比的故事

黛比從很小就被教導，別人對她的看法非常重要。她的父母要她牢記，別人怎麼看她應該是她的主要考慮。她被要求在各方面都要做到完美，而她全心全意擁抱這個謊言。黛比這一生做的每件事都是出於要別人對她印象深刻以及她對完美的需求。她總是確定她家一塵不染。她辦的聚會總是有華麗的擺飾和發亮的高腳玻璃酒杯。小孩有最好品牌的衣服，她也總是開著新車——不論是不是負擔得起。

黛比很成功地活出這個完美主義的謊言人生，她的人生在每方面看起來都是無可挑剔、沒有瑕疵，但是，從無間斷的努力和擔憂別人怎麼想終究造成了傷害。在她二十五歲左右，她開始焦慮，並慢慢成了恐慌症。她不只平常有必須完美的壓力，現在當她恐慌症發作，她也一樣要表現得完美。

訝異的是，黛比就這樣混亂地過了近二十年。她過得很慘，每天恐慌症都會發作，但她從沒放棄偽裝和極力呈現一個完美人生。這種持續的心理壓力對身體的影響終於令她無法承受。

令人訝異的是，她是直到因焦慮症求診，才知道自己一直活在謊言裡。雖然她四十多歲，但是她之前的人生從來沒有「別人怎麼認為並不重要」，「試圖完美除了浪費時間外，也是壓力的巨大來源」的想法。無論如何，在進一步的探討下，她清楚知道了除非她能根除這個模式，否則她永遠無法釋放她的焦慮。

雖然黛比一直活在謊言裡，她卻活得津津有味。完美是她的目標，而偽裝達成目標已經變成她的自我定義。因此當她面臨要把這一切全部放下時，她感到強烈的抗拒。畢竟，要發現自己一直活在謊言裡並不容易。

不過，隨著時間的過去，黛比感受到當她不再擔心要留給別人好印象時，她的壓力就大幅減輕。她教導自己，不完美是安全和健康的。她不再那麼拼命要做到完美，生平中第一次，她過的是她想要的生活——不是她認為的別人的期望。

她瞭解到如果她持續生命中的完美謊言，她絕對，絕對沒辦法放鬆。但是當她不再因為恐懼，而是出於充滿愛的自我接納做出決定時，她的緊張和焦慮就完全消失了。

黛比很容易就看出她的謊言所創造出的生命課題。她運用一種稱為「認知重建」（在本章稍後會提及）的技巧，放下所有過去的要求，接著，她著手建立她的新真相，一個心靈平靜比力求完美更重要，真正的快樂也遠比完美主義重要的真相。

黛比的謊言

我必須是完美的，而且我要有一個完美的人生。
我必須給人好印象才能得到他們的認可。

黛比的真相

我本身就是有價值的。真相是，我的靈魂和我的生命現在就是完美的。
我值得被自己認同，不必力求完美或是有任何條件。
我能夠放下掙扎並活在平靜裡。

接受自己完全值得被自己所愛的事實，讓黛比得到心靈的自由並活出真正的自己。擴展的愛的影響力也因此往外擴散到她全家人的生活和心靈。黛比不再焦慮，家裡的每個人活在他們美好的不完美狀態也都更放鬆和自在。此外，她的孩子收到比名牌服飾更需要的東西：一個平靜、慈愛的母親的陪伴，還有不必再繼續活在完美主義的固定謊言裡。

認出你的故事

每個人都有個故事——每一個人。根據你擁有的過去，以及你允許它定義你到什麼程度，它的力量可以強大到足以影響你的生活，包括你吸引到的事物。

你可能沒意識到，但你如果跟大多數人一樣，你事實上是活在別人創造的戲劇裡。你或許是主角，但你說的台詞和你採取的行動是很久以前就為你寫好的。只要你繼續沒覺察到你有改變劇本的選項，你很可能一直被這些外在事件擺佈而不是掌握它們。

你可能從來沒想過這些，但我們都是依據我們沒有說出的自我定義在生活。自我定義是我們的身分標誌，雖然我們可能沒有察覺，它們卻形成了我們生命力的基本材質。這些印記的特性是如此有力，它們能夠引導我們命運的道路，甚至影響我們所處的週期和我們對它們的反應。

如果你想要改變你一直吸引到生命裡的事物，你需要問自己這個重要的問題：你活在任何舊謊言裡嗎？還是你是被最能賦予你力量的真相所驅動？

在日誌裡寫下左列問題的答案可以幫助你找出這些細節。當你這麼做的時候，你將開始認出形成你的意識的生活模式。（回答你最明顯的情緒和最深的信念。）

1. 你會如何定義（不是描述）自己？
2. 你最常有的情緒是什麼？（譬如：害怕、擔憂、信任、平靜、開心或難過）
3. 你是哪種天性？（被動消極，積極進取，仔細周到或冷淡、漠不關心）
4. 你如何跟自己說話（你跟自己說話的語氣）？（嚴苛、充滿愛、鼓勵或批判）

5. 你如何跟別人說話？（指責批判，讚美恭維，堅定自信或服從柔順）
6. 你如何劃分生活裡的優先事項？（列出你花最多時間的四個項目）
7. 你怎麼想你自己——誠實地說。
8. 你的故事是什麼？你怎麼被對待？別人怎麼對你說話？你的重要性如何？
9. 你被教導怎麼看自己和這個世界？
10. 這些信念在現在如何影響你？

回答這些問題需要一些時間並且需要你誠實的自我探索，但是進行這個練習會很有收穫。這些問題的答案揭示了你現在的意識，以及來自過去的問題根源。不論答案是正面還是負面，都會顯示你傾向吸引的結果類型。

你的生命力為你和這個世界向外創造出結果；它主要是被你的信念、行動和反應的模式所控制。所以如果你在納悶為什麼同樣的問題一再出現，這是因為你持續堅持你的舊故事——抓住在過去形成的心智和情緒習性不放。

你可能相信這些習性跟你密不可分，不論怎樣你就是注定要持續下去。但是，挑出過去的謊言，瞭解你的舊故事只是別人錯誤想法的時候到了。是時候知道你**確實**有力量放下過去信念的習性和阻礙了。

當你釋放了錯誤的訊息，你就能前進並活在一個清楚並能賦予你力量的真相。事實上，如果你的過去在任何方面貶損或扭曲了你的真相，你就絕對要抒發情緒，放下錯誤的結論，重新定義自己，並且現在就取回你的力量。

分裂的定義

瞭解你的舊故事的最重要原因是你因此能夠辨識並釋放可能一直埋置在故事裡的謊言，那些深留在你腦裡的謊言。在你活著別人給你的角色、期待和錯誤訊息的時候，你可能已經不知不覺地接受某些已經變成能量阻塞，非常剝奪你的力量的選擇，它們阻礙和限制了你體會你的真相與實現目標的潛能。

如果你想要你的人生移往不同的方向，你就要療癒你受傷的意識，並且建立一個更誠實、更能賦予自己力量的信念與行為的新系統。

再次地，問題的產生主要是因為靈性定義和個人經驗的分裂。活在過去的謊言把你從靈魂的平靜、臨在和力量拉離。因為這個極令人不安的分離也喚起一個和吸引力有關的無可避免的內在真理：**你快樂的能力主要奠基於你的自我定義。**

當你整個生命力是基於貶低、拋棄或剝奪你的力量的童年謊言時，要創造一個能夠投射正面、開心的意識——或甚至是認知到你具有改變事物的內在力量，事實上是不可能的。這個對靈魂的否認不只逐漸消耗你的生命力，它也擴大了你與世界分離的感覺，令你覺得孤單和孤立，讓你更深陷謊言裡。

正如你能理解的，這個議題重要到無法忽視。舊的、錯誤的故事——不論多根深蒂固——都必須被拋在腦後。每個謊言必須被重寫，而你的心靈和心智必須對你的真相開放。調諧你的靈魂意圖和你的自我定義，將使你的人生完全改觀。

這就是真相的療癒力量，它會從內而外改變你的生命力——從你存在的核心到你所知的一切。不論你是否體認到，它事實上就是你一直在尋找的真相。在你所有的追求，和你最深的期待與渴望裡，解答一直都在你心中，只是不知怎地迷失在謊言裡。

迷失在謊言裡

許多人不知道他們的真相會是什麼？他們已經活在過去的謊言裡太久了，以致看不到任何其他的東西。事實上，許多人甚至完全沒有面對這個問題的渴望。他們完全相信所有的解答來自外在。他們也相信，他們無法改變或是不該改變他們是誰或是什麼——即使他們已經變成自己的阻礙。這就是潛意識的力量。它會使我們為過去奮戰而不是釋放，它也迫使我們以正當的所有權為謬誤辯解和反擊。

究竟，我們該相信什麼？我們一直被教導的真是謊言嗎？這不只是可能而已，而是完全可能；而現在是認出那些謊言的時候了，這樣我們才能夠拋下它們。

很多談吸引力的書建議你避免把焦點放在你**不**想要的事物上。他們說這樣的專注實際上會使你得到更多你不想要的。然而，從心理學的角度來說，這卻是得到你所想要的東西的重要步驟。你不必放太多心思在不想要的事物上，但你確實要進行些小小的自我分析。因為如果你無法認出你需要改變的是什麼，你就不可能做不一樣的事。

如果你能辨識出一直引發問題的隱藏模式——不論是信念、情緒、對待自己的方式，或是你一直從別人那裡接收到的錯誤訊息——你就能整合必要的改變去解決問題。事實上，有超乎想像多的人難以確定自己想要什麼，但卻能很容易地指出他們不想要什麼。

舉例來說，有位女子曾帶她先生一起進行伴侶療程。她說她不快樂，當我問怎樣會讓情況改善，她說她不知道。然而，當我問是什麼讓她不快樂的時候，她很快就指了出來。她說她不想她先生那麼常批評她，這話使我們進入了主題。在諮商過程中，她先生同意打破這個模式，接著我們加入她想要的對待方式，像是先生對她表達情感和真正的尊重她。我們因此改變了情況，但這只有在她認出並去除了她不想要的東西之後才能辦到。

人們生活的謊言也是如此。如果你對負面模式的心智和情緒反應無動於衷或毫無覺察，要去除那些持續使你和你的生命力低落的錯誤行為與回應可能會非常困難。但如果你能認出你需要改變的是什麼，這個認知將給予你力量釋放過去，並在你現在的認知中創造一個更高的頻率，幫助你在未來經驗到更美好的生活品質。

因此，讓我們來看看人們活在哪些最常見的謊言裡，試著辨認出那些和你的模式及過去習性最相似的。這些是必須被解決的重要問題。記得，宇宙不會回應你的表面意圖——如果它們是被用來掩飾一個建立在謊話能量的人生。

1. **自我否定和挑自己毛病：**這個模式會透過指責、批評、貶低或挑剔自己的行為顯示。這個謊言是因為過去被批評或看到別人被責難而形成。即使他們告訴你這樣的批判是有理的，你需要知道，你得到的訊息是來自某個跟他們自己的真相疏遠的人。包含在這個模式裡的，還有「永遠不夠好」的謊言，而你或許到今天還一直被它影響對自己的看法。無論如何，你需要記得，不論你有多相信你被灌輸的謊言，你對自己的一切批評和挑剔是對你真實價值的錯誤評價。因此，是放下它們的時候了。

2. **表現、完美主義和取悅他人：**這一點跟自我否定有密切的關聯。這個不健康的模式強迫你做一個你不是的人，因為你不斷試圖活出童年期的權威人士、現在的同儕或社會置放在你身上的虛假、不真實的標準。但要留意，當你為了任何原因不接納自己，這個行為所產生的掙扎努力和根本上的不開心會扭曲你的靈性真相和你的生命力能量。這個謊言的主要部分在於你相信別人有力量把他們的期望放在你身上——但是你再也不必這樣了。作為一個會思考的成人，是你將生活裡的要求放在自己身上。活出你的真相需要你設下界限，並且不再活在錯誤的優先事項裡。放下為他人表現和尋求認同的需要。知道現在的你就是完美的。

3. **擔憂、害怕和需要控制：**這些扭曲建立在兩個主要的焦慮上——害怕這個世界、害怕未知，還有擔心自己無法處理遇到的事。要試圖控制每個變數並確定事情順利發展會很令人氣餒。困難會發生，但這都是生命週期的一部分。無論如何，你永遠都可以信任自己並保持樂觀。相信自己內在的豐富資源，而且永遠信任自己有能力處理事情。當你選擇放下和信任時，你就擁有了前所未有的最大控制。

4. **傲慢自大、敵意和不真實的力量：**如果你認為你透過恫嚇能獲得力量或優越感，你是在騙你自己。這麼做只會使你脫離宇宙的共時性。你對優越感的迫切需求事實上是基於恐懼的補償心態，根源於你想去控制和使他人對你印象良好的需要。一個真正有自信的人不覺得有需要去脅迫他人或表現得傲慢自大。真正的力量來自真正的接受自我，接受真實的自己，而不是操控別人。當你待人有禮和慈悲，你獲得更多的力量。你也因此進入合一與連結的同步性流動，促進了和諧和正確行動法則，並讓自己接收這些法則所帶來的喜悅和祝福。

5. **不配、沒價值和自卑：**人們被教導他們因為種種原因不配得到，如果你曾被給過這樣的錯誤訊息，你需要知道，你只是在依照別人錯誤的優先事項生活。你的價值來自你的神性傳承，由於這個神聖的連結，你值得擁有宇宙所能提供的一切美好事物。如果你被教導這樣的謊言，重新定義自己的價值就非常重要。放下自卑感和有條件的自我接納。讓自己成為自己，並且知道你值得擁有。

6. **外在物質品和外在價值：**當你用你擁有的財富——或缺乏財富——來定義自己時，你會發現你的幸福搖搖欲墜、很不踏實。金錢可以使生活好過，但它不會使你成為一個更好的人。它不能保證你會被別人接受，它也不該是你認同別人或認同自己的根源。這個以金錢為基礎的社會制度，用金錢來界定等級身分和地位的系統，不但非常脆弱，它還切斷你和你真實價值的連結，以及來自各階層收入的人們的價值。

金錢很好，但不要讓它變成你找到意義或價值的唯一東西。當你學著在每一處看到價值，你會知道最棒的收穫就是當下的感恩，而這並不需要花上任何金錢。

7. **沒有力量和責備：**你對你的能量場所能做的最糟糕的事情之一，就是相信你在自己的人生或是這個世界沒有力量。

許多人都曾經因這個錯誤信念受害並感覺無助。有些在小時候，當他們還在成長，而且情緒上還沒有覺察時就被錯誤對待。遺憾的是，這些經驗導致這些個體相信他們並沒有能力保護自己或做出明智的決定。這種沒有力量的信念使得他們帶有受害者的心態並且無法自我實現，他們因此活在完全的無所作為，把自己看作或認為自己是別人、上帝，甚至宇宙的受害者。

如果你是這個情形，看見真相對你就特別重要。抒發那些沒有被表達的情緒，從現在起選擇尊重自己並能帶給你力量的說法。停止在人生中扮演消極的觀察者，站起來行動，並相信內在那個強大和勇敢的自己。

8. **分離、偏見和仇恨：**我們所生活其中的謊言對靈魂是痛苦的，但這些跟許多我們個人和社會問題的根源有關。

那些專為我們塑造的仇恨和偏見往往已深植在我們的潛意識，它們是如此深入，對許多人來說，它們已經是絕對的真理和生活的一種方式。人們學會去仇恨，基於政治、種族、宗教、文化、性別、體重、貧窮、地域，以及其它無數理由。但是，我們越是製造隔離，我們越是感覺受到威脅，使得我們渴求更多的權勢和優勢，這反而又增加了分離。

與他人分離不只在吸引力法則是嚴重的問題，它也是我們與神聖源頭分離的徵兆。而我們心裡的仇恨越多，隔閡也就越大。

如果你活在分離的謊言，你需要知道，根本沒有分離這回事。在能量上來說，我們無法擺脫與他人的密切連結。一個人的遭遇，也是全體的遭遇，發生在一個團體裡的，影響整個宇宙。你送出去的恨意，返回到自己身上，並在人類的意識裡擴展，反而為你跟所有人製造了更多問題。

是時候排除這個可怕的謊言，進入你的靈魂對合一和擴展愛的意圖的時候了。這就是你的真相和真正力量的所在。

真相在字典裡的定義是原義為「忠實或值得信任的，真實的品質。」是時候忠於自己了，忠於那個你知道棲身在你內的美妙身分。是相信真正的自己的時候了。

上述所列的謊言裡，沒有一句是從靈魂的力量和觀點解釋。它們沒有一個表示未被污染的無瑕真相；它們是不知不覺地傳遞給你的錯誤和扭曲訊息。是的，每個人都有個故事。每個人至少都從無意的他人那裡得到過錯誤訊息，但你可以選擇現在就重寫它。盡力把你曾經活過的謊言——不論大小——讓它們成為過去的事。當你在這樣的狀態，你將連結上你的力量和價值的永恆真相。而在那受到祝福和幸福的狀態裡，你的吸引力將變得無法抗拒。

心靈解答：認知重建

為了轉變可能阻礙你成功的心智與情緒能量，你必須辨認並且徹底改變你一直活在其中的謊言。

列出你最常有、最常出現的不尊重和剝奪自己力量的想法，針對每個負面念頭寫下健康和有力量的回應。

經常去讀這些正面選項，如果你又落入老舊、錯誤的模式，記得不要挑自己毛病或責備自己。畢竟，挑自己毛病是另一個你要試著改變的謊言。相反地，你要溫和提醒自己，你現在以不同的觀點看事情了。你覺察到，而且也專注在自己的價值、內在的豐富資源與真實的力量。

如果你發現自己在否認這些想法，溫和地引導自己回到可以榮耀和尊重你的真相。這個有意識的選擇具有驚人的力量。就你的快樂和吸引力來說，你的真相確實會使你自由。

這個稱為「認知重建」的過程會帶給你更健康、更有力量的信念選項。你可以透過你的日誌，讓「認知重建」成為你生活的一部分。你總是可以選擇尊重自己的想法，直到它們成為你自發的反應。

你的舊信念和習性可能根深柢固，但你絕對可以徹底改變它們。接下來的故事顯示了有些謊言可以變成重要的人生課題。你認為這是你的情況嗎？

凱洛的故事

凱洛在尋找愛和認同，但並不是像戴比故事裡的完美主義那樣，而是以照顧者的身分。凱洛把討好別人、讓別人開心放在第一位，而且幾乎都會照別人的要求去做。她被教導活出的謊言雖是出於善意，但完全失去了平衡。事實上，她的謊言變成她存在的理由，而這個理由主宰了她的人生。

凱洛從小被教導好女孩會先考慮別人、聽從別人的話、做別人想要她們做的事，好女孩付出自己全部的時間和努力，並樂意取悅他人。長大後，她從一個好女孩到一個好太太和好母親，並總是把整個大家庭的需要放在自己之前。

凱洛盡責地過著這樣的謊言，創造出一個沒有質疑和界線，充滿著服務和自我犧牲的人生。她把別人視為優先，以致完全失去了自我。她從沒想過要讓自己開心，她甚至也已經忘了什麼會帶給她喜悅。

然而，她沒意識到的是，她不僅在為她的孩子們示範非常不健康的行為，她也在製造一個完全否定自我的生命力。她認為自己不重要，她做的每一件事都顯示她堅信她不配分得自己的時間與能量。這個謊言的嚴重程度使得宇宙不可能用任何正面的事來回應。事實上，她重視的人並不尊重她，而且還忽視她。更糟的是，凱洛發現，在她被奴役和自我放棄的人生裡，她從沒開心過。事實上，她甚至不記得開心的感覺了。

凱洛從沒意識到，但她行為的動機其實是種很微妙的自私。她的意圖看來真誠，然而實際上的動機是出於她要做個好女孩並實現她父母期望她服務和討好的迫切需要。她被潛意識裡要獲得父母認同的需求所驅動，而她的選擇總是不尊重自己並完全和她自己的需要失衡。

當凱洛開始設下尺度和界限，大家都很震驚。但經過了一段時間，他們事實上對她比較尊重。凱洛也意會到她不需要為了獲得別人的認同而去討好他們。她以對自己真實價值的深度了解來取代消耗生命的謊言，她也終於知道她值得自己無條件的愛、服務與認同。

凱洛的謊言

永遠要把別人的需要放在第一。

只要我讓別人開心，我自己需要什麼並不重要。

凱洛的真相

我值得自己的愛和關注。我值得過得快樂並尊重自己的需要及喜好。

我對自己的快樂負有責任，而其他人則為他們自己的快樂負責。

凱洛已經不快樂很長一段時間，但她從沒真正理解，這是因為她已經習慣把他人的快樂放在第一。不停的努力取悅他人一直是她生活的狀態，但要建立一個快樂和平衡的人生並不晚。她所需要的，就是開始活出她值得先讓自己開心的真相。

羅傑的故事

羅傑是個發火狂。他的父親性急暴躁又嗜酒成癮，總是在挑剔和生氣。羅傑看到父親用發脾氣的方式威嚇和控制母親及其他人，因此成人後的羅傑繼續他父親的行為模式。他開始變得對他太太、孩子和周圍的人極度挑剔，包括工作的員工。

他覺得自己的行為很正當，因為他認為自己比周圍那些畏怯和柔順服從的人強太多了。他也注意到，當批評別人時，他覺得自己更有力量，因為他們並不回應。然而，羅傑不了解這一切都是假的。這是虛假的力量和優越感；為了讓自己感覺良好，他必須讓別人感覺糟糕。這樣的互動並不真實，只存在著強制和畏懼。

由於不斷的批評和憤怒已經危及到羅傑的第二次婚姻，他因此前來諮商。他也終於領悟自己那一切虛張聲勢，明顯地是想補償他因父親的批評和怒火而感受到的脆弱。他開始知道，透過情緒的爆發，他事實上是在失去而不是取得力量。他以為人們因為他看似的優越而尊敬他，但他知道了他們事實上覺得他很討厭——沒有人真的喜歡在他的公司工作，因為他們不確定他什麼時候會發作。

羅傑一直活在虛假的優越感和權勢的製造裡。雖然一開始好似沒什麼問題，事實上卻賠上了同事對他的尊敬，甚至他的婚姻。他現在知道他想活得真實，用適當和文明的方法得到力量。因此他釋放了定義他許久的那個具攻擊性和敵意的謊言，並且進入他在內心找到的那個遠為平靜與真實的力量。

羅傑的謊言

我透過憤怒得到力量。

我知道我是優越的，我對別人的批評顯示了我比他們優越。

羅傑的真相

我真正的力量來自內在。

我愛我自己並釋放衝突。

我活在真實裡，我尊重自己和別人。

平靜和慈悲可以帶給我力量。

我是自由的。

羅傑以前並沒有意識到真正的力量來自平靜的接受自己、尊重別人和真實的表達自我。為了支持這個新領會的真相，他必須學習許多新的行為，而他也已經準備要過著沒有敵意的生活。當他確實做到時，他發現他的生活比以前有更多的寧靜與和諧。他第一次在生命裡感受到真正的平靜和真實的力量。

是愛還是謊言

上述個案在故事裡都扮演他們在無意中一直持續的角色。他們相信他們被教導的謊言；他們相信他們需要拼命努力、需要控制和焦慮，因此他們持續重複他們的故事。這就是活在謊言裡的問題：當你透過剝奪你力量的假設來過濾每件事，那些假設就變成了你的人生和你的吸引力的驅動力。一個沒有受到抵抗或阻礙的謊言於是形成了後退能量的渦旋，一個將你的快樂和正面意圖捲入並吞噬到渴求和空虛的負面振動漩渦。

當你的生命力是基於謊言的暗流，內心的喜悅就會一直逃避你，而你期待的外在結果也不會出現。最終，你將被迫用更多的謊言彌補，卻使得負面能量的渦流更為成長。

最大的謊言就是你必須恐懼某件事。當你進入你的永恆定義所提供的平靜與價值，你開始了解你的恐懼和看法會是多麼地誤導。但你可以——你也必須——採取步驟去釋放那些老舊失真的說法，並開始活出你自己的真相。事實上，如果你想增加你在這世上的吸引力，你就必須開始做出完全不同的選擇。

愛是這個重大選擇的核心。每一次你打破恐懼和力量的錯誤形式，並選擇活在**平靜**和**愛**，你將發現自己越來越堅強、越有力量。你的能量將隨著愛的真相所提供的同步性輕鬆流動，而不是陷入不滿足的漩渦裡。

不論你這一生可能遇到什麼，你永遠會發現自己面對這個重要的決定——是要出於愛？還是恐懼？在你對自己和這個世界的想法與信念，以及你每天多不勝數的決定中，你將要做出是以愛，還是恐懼回應的選擇。

當你活在恐懼裡，你不斷覺得你必須努力、掙扎、憂慮、評斷、得到和競爭。以恐懼為基礎的思想充滿著評斷，不論是評斷自己還是別人。你可以想見這類選擇有多耗神和令人沮喪，它使得快樂幾乎是不可能的事。當你的能量是這般恐懼和迫切，你的生命力無法發光，吸引力層次無法提升，你的意圖就無法成功。

然而，愛的想法可以釋放評斷與限制。充滿愛的念頭並不消極也沒有侵略性，因為愛來自平靜與平和的接受，並且真實擁抱你的人生和生命裡的人們。

在愛裡沒有執著，愛會結合每個人並創造和平。愛就像燦爛的光，整個世界都看得到它的光芒。毫無疑問的，愛是所有振動裡最具磁性與和諧的振動。

活在永恆的真相會使你回歸到你來自的**愛**。活在你的永恆真相表示你有意識的選擇你想要的信念。這些健康的信念必須源自一個跟你的謊言來源很不同的地方。它們是來自生命的源頭；無限創造力的永恆意識。

當你感到困惑，問問自己，「在這個情況下，愛會是怎樣的感覺？」如果你能夠走出阻礙前程的自我破壞式謊言，你基於真愛的新意圖將榮耀你的靈魂，使你的人生和宇宙結盟，而喜悅和奇蹟般的轉變就將顯現在你的人生。

第十一章

活出你的真相

「要對真相有信心，雖然你可能無法理解，雖然你可能把它的甜美想成苦澀，雖然你最初可能會退縮。信任真相……對真相要有信心，並且活在真相裡。」

——釋迦牟尼佛

沒有什麼比知道、活出和說出你的真相更重要的事了——沒有了。沒有什麼結果，沒有什麼外在的成就，沒有什麼財富能夠比活在你的永恆真相所帶來的力量和真正的平靜更有價值的了。事實上，你全部的生命和每個經驗都是被這個指令所引導——知道並擁抱你無盡的價值和你生命的真正意義。

釋放那些定義你的謊言和扭曲的人生要項，或許是你所能達成的最偉大成就了。當你進入這個較高層次的存在，你活在一個跟宇宙美好事物共振的內在和諧裡，而這個共鳴反映了你靈魂的方向。

要根絕過去的錯誤訊息並在生命裡的每一天都活得真實，需要很大的勇氣和努力。被扭曲的認知對你有害，但它們的熟悉感卻也令人著迷。它們提供給你虛假的舒適感的同時，也一直持續讓你的人生不快樂。

舊有的想法、信念和你對自己及世界的看法，事實上因此成了強迫性的上癮行為，在你的人生編造出潛伏的自動回應模式。你會變得很習慣於你沒有價值、你是脆弱的，或你在某方面不夠格的謊言。久而久之，這些假設變成你在無意識下很快就欣然接受的錯誤「真相」。這些不適切的說法雖然已被吸收，雖然改變需要時間和意願，但它們可以——也必須被釋放。

癮

在我近三十年的諮商裡，我必須說，有些個案的遭遇讓我感觸良深。看到虐待發生在最神聖的親子關係尤其令人難受。當人們無法打破恐懼和沒有力量的謊言，他們對於仰賴他們照顧的那些脆弱又信任他們的靈魂所做的傷害很令人吃驚。在一種怪異、為了減輕自己痛苦的錯誤企圖下，他們選擇繼續他們深度的病態，這些病態的言語和行為包括了從隱約的排斥到無法形容的殘忍。

我曾有位個案被她母親縱火燒傷。另一位個案的父親在他三歲時把他關在一個存放蔬菜的黑漆儲藏窖裡，任由老鼠爬滿身體，咬他的腳。我也處理過許多被性虐待的個案。當我心愛的兒子還在俄羅斯的孤兒院時，他經常被野葛（一種有毒的常春藤）的樹枝抽打背，一痛就好幾個禮拜。

想想，這類可怕的敵意會創造出怎樣的信念。一個小孩對這類行為的自然反應是假設自己活該被這麼對待；認為自己一定是犯了什麼錯；還有這個世界是不安全、不可信賴的地方。

即使虐待是以比較微妙的形式發生，它也一樣會剝奪你的力量。一個孩子可能一再被拒絕、冷落或忽視，因為父親或母親「為這個家忙著賺錢」。也有的孩子可能被苛責被挑剔，而且不論多努力，他們還是覺得自己很失敗。沒有價值和自己不值得、不配的謊言就是這麼產生的，只要這些謊言不被挑戰，它們在生命裡就有一定的力量。

而如果這些孩子到了成人還沒有處理這些謊言和錯誤說法，這只會讓他們的悲慘故事更加悲慘。若不放下錯誤的信念並建立嶄新和健康的真相，這些曾被冷落或甚至被敵意對待的受害者，會把他們自身的扭曲傳給依賴他們提供愛與安定的孩子身上。這樣一來，受害者接受了他們的故事並且又成了為下一代編織謊言的人。

不幸的是，許多人已被深深灌輸了痛苦和缺乏力量的說法，他們甚至沒想到他們有選擇。有些人暗自看重他們的被虐——在他們的悲慘裡找到被扭曲的價值感；他們相信作為一個受害者使他們在某方面變得特別。但是，放棄自身的力量不僅是獲取同情的錯誤方式，它也給了他們方便的理由不負起自己人生的責任。

當我們學到的謊言成了我們的故事，我們開始透過謊言去過濾和看待每一件事——不用多久，它們就變成了陷阱。扭曲的觀念和悲傷的情緒被錯誤的討好、憤怒、排斥或拒絕所掩飾。這些感受接著又吸引更多的問題，更增加了我們的負面情緒和能量。然而，這些都是可以蛻變的，而這取決於我們每個人是否挺身面對這些謊言，並去療癒存在於我們內心，以及在我們周圍擴展的這種造成傷痛的謊言模式。

花些時間想想你的過去。哪些是曾經阻礙你的模式？你或許曾被教導過某些不太嚴重的錯誤認知或限制，不是什麼可怕的虐待，但已足以扭曲你的現實生活並完全改變你的世界？這可以是你慣有的偏見、恐懼和評斷。也許你曾經被教導要活得緲小——因為生活向來艱辛，所以不必有太大期盼。嗯，生命有時是辛苦的，但要預期它一直都會如此也絕對是個謊言。也許你被教導過那最大的謊言——你沒有力量，你沒有價值，你活該過得慘兮兮，而且你無法改變現實。

不論是怎麼騙人的信念系統深入了你的生活與命運，你需要知道，你是在將你的身分——和你整個的生命力——依附在某個錯誤虛假的東西上。而這個錯誤的核心能量足以將你的人生引導到有害的方向。這就像在遊樂屋裡看到哈哈鏡中的自己，卻認為那就是你的真實面貌。只是當我們是討論像信念這麼重要的東西時，就不是那麼好玩了。現在是打破幻相並知道你不再需要活在變形失真的假相裡的時候了。

幻相還是真相

我的一位好友曾經把人世經驗稱為「恐懼和渴望的遊樂屋」。某方面來說，這可能是事實，但我比較喜歡把它想成是學習控制自我的大學。（宇宙 universe 這個字和大學 university 都源自同樣的字根，表示一起、一致，這不是很有意思嗎？）

我們都一起在這個時間來到這裡學習和覺察。你如何認知你的人世經驗決定在你，而你也會面對一個選擇：繼續活在黑暗和變形的迷宮，還是進入一個跟你真正身分——選擇來到地球體驗的永恆之光——共鳴的較高瞭解。

當你持續選擇活在意識和靈魂的真相，你永遠可以得到人生的解答，而做出這樣的選擇需要勇氣和放下的意願。這個選擇是打破你對自己的限制看法，看到你不可改變的價值。接著它會在你的想法上產生根本的轉變——從恐懼到信任，從厭惡到崇敬，從批判到接受。這些都像是對立的兩極，但這兩者的距離僅僅是從你的腦袋到你的心。

不論你被教導過什麼謊言，學習愛並把愛放在第一，永遠不會太遲。但你必須要有願意改變的意圖。

這可能不容易——甚至看來不可能做到——但你一直都可以選擇愛的想法、言語和行為。事實上，只有你能使它們成為你的新真相。

不論你在過去學到關於自己什麼，你現在都可以走上你想成為的那個人的道路。不論你曾經承受過什麼，受過多少苦，你可以成為你自己的愛的源頭。

抒發、宣洩……把痛苦拋開。放下錯誤假設，展現你的力量、你的光、你的無限價值和你永恆身分的真相。這就是愛開始的地方。

心靈解答

我們每個人都必須記得——你、我，每一個靈魂——我們完美和永恆的故事早在我們活在現在的謊言之前就已經存在了。愛是我們的源頭，而我們注定要活出這個溫柔的領會。凡不是來自愛的，最終都只是謊言——這個暫時沉睡在大多數人心裡的核心真相，可以成為你生命中最有力量的引導。

如果你一直在延續恐懼和指責的謊言，你必須堅定的選擇把那些謊話拋在腦後。你的靈魂知道自己的真相和力量，而愛會以各種樣貌呈現，包括平靜、信任、恩典和慈悲。在你對自己、對別人和這世界的看法裡，覺察到這些選項。

當你意識到你可以選擇平靜、信任、感恩和慈悲的時候，你就可以重建一個基於你的古老智慧和你的靈魂所瞭解的新說法。當你確實做到時，謊言會消失，而你會在你所做的一切看到你永恆生命的真正價值。

靈魂的搜索引擎

所以，你會怎麼去找到你那嶄新又古老的真相？你需要做的第一件事是靜下心，不要成了自己的阻礙。當你放下了你被教導是誰的那個舊想法，你就能開啟你的心並發現真正的你。透過這個以頭腦為中心到以**心**為中心的心態轉移，愛的力量會浮現。你接受靈魂觀點的意圖將幫助你清理你的潛意識，以你無法想像的方式帶你往前邁進。

宇宙會回應你所做的改變——不只在你的人生，也在每一個人的人生。當你從心裡移除恐懼和批判，你的意圖和行動也協助移除了存在於每個人心裡的負面性。你療癒錯誤認知的意圖會在能量和靈魂界域被支持和擴展。當你把你的真相放在第一位，它不只會改變你的生活方式，它也會改變你的生命。

你的靈魂是幫助你找到和活出你的真相的搜索引擎。你的高我所具有的智慧是無限的，而你可以自由取得那些智慧。

使用下列四個步驟展開你的新人生。當你終於開始活出你的真相，生活中的美好會使你懷疑你過去怎麼能生活在謊言裡。

1. 冥想你的靈魂真相。

心智的煩躁不安會使你持續重複你企圖清除的故事，而不是引領你更接近你的真相。你必須關閉混亂的心智，往內探索。

運用你喜歡的任何冥想方式，但不論使用什麼形式，要確定你冥想的意圖是要轉移到愛的意識，並對你的神聖身分有更深的覺察。

讓你的心感受靈魂的感覺。傾聽來自靈魂的智慧低語，知道自己已經準備好並且願意被你的永恆心智啟發。讓自己沉浸在那種無處不在的美好感覺。每天都要靜心，即使剛開始只能幾分鐘。慢慢增加時間，確定靜心時沒有事情會讓你分心。這絕對是你轉變自我認知的關鍵——一個創造快樂、和諧和無法抗拒的磁性生命力的必要因素。

2. 依更高的意義定義自己，定義一個具有無限價值、平靜與力量的自己。

由於你的靈魂在這一世之前就已存在，而且也將繼續存在，這是尋找你真實定義的好方法。你在本質上與神性——一切美好和豐盛的源頭——緊密相連。與其繼續依照你過去的問題與限制來定義自己，你有選擇去創造一個健康、嶄新認知的永恆與真實的自己。確定你把你的新真相、新定義的你和能尊重自己的信念寫下來。如果你能記得的只是老舊負面的說法，新的信念就很難持續。

在思考你的新定義時，查看在本章後段那些能夠賦予力量的真實信念。把你覺得最需要加強的寫下來，帶在身上並經常閱讀。

每天早上選一個陳述句冥想幾分鐘，把它的真相作為你一整天的意圖。

3. 主動積極——但帶著愛——介入你老舊錯誤的信念。

由於錯誤模式很容易上癮，那些惱人的過去認知不會只因為你終於領會到它們是錯誤的就會消失。當然，意識很有力量，而你活出你的真相的意圖可能瞬間成為真實。但是，如果你聽到跟你的新意圖衝突的聲音也不要訝異。

不必去指責自己的對立想法，去留意傾聽內心那開悟大師的聲音。溫和但堅定地引導自己到新的想法或新的思考方式。

當你不確定該如何看待事情或採取什麼行動時，問問自己下列問題：

怎樣的想法或信念會讓我覺得光榮？

在這樣的狀況下，什麼選擇或觀點會帶來愛和真實的力量？

當你有了答案，鼓起勇氣採取正確的行動。你做得到。上帝的力量在你心裡，祂會支持你，在每一個光榮的選擇裡。

4.用平靜和樂觀的說法取代心裡的衝突。

就像你能用更平靜的想法面對你的人生，你也可以選擇更平靜地面對想法的改變。

當你面對兩種非常不同的思維，不要慌。問問自己前面的問題，然後允許你永恆的心靈和心智——你的靈魂自我，也就是你開悟的大師——引導你回到真相、和諧與真實力量的想法。

把你的靈魂帶入你的想法——還有你對每件事的態度。一個平靜的過程遠比瘋狂分析和評斷更能帶引你接近你的真實力量。把你的真相和新的自我定義編入到日常生活裡。不要急促，不要憂慮。你的靈魂有世上所有的時間，**你**就是你所需要的一切。

自我的風暴

心靈解答

你如何定義和評價自己，是決定你的生命力與人生經驗的要素。神聖臨在一直在你的內心，當你覺察到祂的存在，你將體會到言語無法形容的平靜和愛，而這個平靜與愛將帶給你無可比擬的穩定頻率。

你的靈魂真相就是你的個人真相。你不再需要跟分裂共存。與永恆的自己同在的感覺改變了一切。

改變是過程，也是方法。去**行動**。不要只是期盼你可以想得不一樣。靜下心，冥想療癒和發自內心的快樂。

要求靈魂引導你的思想與行為。

經常複誦你的新真相，直到你能在心裡感受到。

思想和信念是非常有力量的。對大多數人來說，掌握它們並帶到一個更高的覺察是主要的生命目標。這會提升個人和這個星球的能量到一個充滿愛和力量的意圖。

創造一個建立在靈性核心的身分——以及源於那個真相所產生的信念與認知——將以你不曾

想過的方式轉變你的人生。

檢視接下來的真實信念清單。如果你對任何一項覺得陌生，不要放棄——也不要責怪自己。就像學習一個樂器或新運動，你必須讓自己練習和試驗，直到變得純熟為止。如果你在學彈鋼琴，當每一次彈錯的時候，光坐著發誓不再犯並沒有幫助。

你的想法也是一樣；錯誤的音符只是其他人教給你的謊言。你現在就有力量和能力去做出自己的決定，並且活在你永恆真相的能量裡。是時候使用靈魂的真實力量去調諧你的頭腦和心靈了。好好練習，讓這些信念與你的生命力共鳴。你將在其中找到你所尋找的一切。

真實的信念

開放心胸，接受將夠把自由和力量帶到你生命的下列信念。這些信念非常重要，值得你一再複誦，因為你對你自己的價值和力量的看法就是你的真相，它們是你的生命力和你吸引到的一切事物的核心。

不論周遭發生什麼狀況，由這樣的理解所產生的信念，可以為你帶來恆久的平靜。而要不要選擇這些真相，決定在於你。

靜思每個真相，感覺被它們的振動充滿。當你用開放的心擁抱這些信念，你就能加速通過任何困難的週期，並且改變你的人生與這個世界的事件。

* **你是有價值的，你是珍貴的**。你的靈魂是提供生命之光的永恆源頭。它閃耀的意義和目標可能是你沒覺察到的。事實上，你的價值與重要性是如此深邃，要用世俗的心智來真正瞭解你的驚人價值是不可能的。

接受這個真相，肯定以下的陳述句：

我是有價值的；我永遠是有價值的。

在每一次經驗裡，我選擇去看見、去認識，並尊重我真正的價值。

* **你是資源豐富的**。不論你在過去經歷了什麼，你絕對有能力去處理你人生中的事件，並讓事情變得更好。如果你以前從不這麼認為，現在是知道你的能力乃來自一個更高所在的時候了。

信任並且肯定以下的陳述：

我是資源豐富的。

我現在就認知到在我之內和周圍的無盡資源。

我現在就可以創造一個快樂和充實的人生。

＊**你是值得的**。你的靈魂來到這裡體驗美好的事物。你值得這些美好——不是因為某種被社會接受或認可的條件，而是憑藉你充滿愛的源頭，你的神性傳承。

你擁有通往一切珍貴事物的無限管道。要知道你值得擁有，請肯定地說：

我是有價值的，我值得擁有所有美好和美妙的事物——我現在就開放自己的心和人生去接收這一切。

＊**你是有力量的**。即使你在過去曾感到相對上沒有力量，你現在需要知道真相了。你是這世界的力量；你的意識和能量在宇宙裡傳播，產生深遠的影響。

現在是開始走近並接受你的真實力量和負起責任的時候了。

知道並肯定以下陳述：

我確實是有力量的，我現在就有勇氣去表現我的力量。真實的力量是我的天賦權利。

＊**你是永恆的**。你的靈魂知道——你也可以——你永恆的生命力具有無限與串聯式的能量。

當你透過這個理解認知所有的事，急迫和恐懼就會消散。

現在就開始活在一個無限時間的意識裡，然後感覺它所帶來的自由。肯定地說：

我是永恆的。我退一步從靈魂的觀點看待事物。一切都是完好的。

* **你有深刻的內在力量和韌性**。也許你不曾有過這樣的感受，但你真的具有採取偉大行動和實現美好事物的能力。你是有韌性的，而且你有力量去應付嚴酷的現實；去克服恐懼，受挫後迅速恢復，然後繼續前進。

永遠要記得你可以依靠自己，可以依靠那永恆的力量。肯定地說：

我知道我具有深刻強大的內在力量。我有承受力和適應力，我有自立的能力，並且有能力做偉大的事。我召喚內在的力量；它永遠為我存在。

* **你具有強烈的直覺和內在智慧**。你的高我有通往一切你需要的資訊的管道。你的靈魂渴望引導和啟發你，但你必須要相信自己的這個內在力量。慢下來，靜下你的心，放下你的憂慮；你很快就能收到你靈魂的方向和建議。

常常靜思，每當需要時，請求答案。肯定地說：

我的直覺聲音指引和指導我。

我開放自己接受內在的智慧；我被美好的方式啟發與支持。

* **你是被愛的。現在和永遠，你都是被愛的**。神的愛是你的源頭、你的朋友，還有永遠關心你一切的同伴。與如此令人幸福的接納連結，你起初可能會感覺陌生，但它帶來令人驚奇的平靜——每天活在這個愛的意識會為你各方面的生活帶來解答。

把注意力放在你的心輪，感覺棲息在那裡的神聖的愛。肯定地說：

我是被接受的、被滋養的，我是被愛的。

我打開我的心接受最美妙的平靜。每一刻我都擁有神的無盡的愛與臨在。

＊**你有能力創造奇蹟**。由於神的愛的廣闊和無所不在的力量，你的靈魂具有各類神奇能力。每一刻都帶來了新的機會，而你永遠不會知道什麼時候意識的一個轉變將完全改變你的實相。

讓自己對每個經驗帶來的課題開放，知道某件美好和意料之外的事情可能就在角落等候。把你整個人生看作是在運作中的奇蹟，肯定地說：

我具有神奇的創造力。

每個呼吸都是一個祝福；每個心跳都是一個禮物。

我開放自己接受當下和未來的所有奇蹟。

真實的選擇

這些陳述對你都是真實的，但只是從書裡閱讀並不夠。每一個都需要被接受並成為生活的方式。事實上，如果你真的想要改變你的能量並影響你的命運，你需要開始每一天有意識地活出它們。

活出你的真相，表示依照你的更高身分做出你每天生活裡的決定。就像想法會成癮，許多你的行為和選擇也會是自然反應。因此要在所做的一切活出真相，你必須把你的更高意識帶到你所有的，大大小小的選擇。

要榮耀和尊重你的真相，你必須榮耀和尊重自己。而你的這個意圖必須成為你一天中的導引。當做出人生決定時，不論是平常還是不那麼平常的決定，問問自己：這會榮耀我嗎？讓這句問話成為你靈魂的指令：這會讓我覺得光榮嗎？

當你真誠的選擇榮耀自己，那個可敬的能量於是擴展，而你的選擇永遠不會令他人蒙羞。當然，當你開始設下界線並採取更高路線的時候，你會得到一些負面反應。事實上，你最初可能會覺得冒險和不習慣。但記得，你是在把老舊謊言和自我放棄的模式放在一邊，所以你需要勇氣來計劃和制定新的行為。

如果你真的想要進入快樂和顯化的下個階段，安定自己的心並記得左列的指導方針：

1. 在每天的生活裡做出健康的選擇。透過每天的正確飲食、足夠睡眠、運動和休息來尊重自己。
2. 和別人的互動中採取真誠和誠實的行動。如果你漠視你的真相的這個基本部分，你可能可以賺到錢，但你若為了金錢失去尊嚴，它只是個沒有靈魂的成就。

3. 活出平衡的人生，特別是在你的時間和能量上。確定你設了界線，並以自己的人生優先。
4. 做計畫，採取行動。保持彈性、自主和樂觀。
5. 以尊重自己和他人的態度生活。期待尊重，要求被尊重，並且也尊重他人和他們的真相。
6. 花些時間也騰出些時間在更有意義的事上。冥想、閱讀，開放自己的心感受靈魂的存在和與它的連結。信不信由你，它就是你在尋找的意外收穫。
7. 說出你的真相。你不只有活出它的權利，你還有責任去承認，並對自己和世界說出真相。

說出你的真相

你表達自己的方式是影響你的能量振動的最重要因素之一。這包括了你內在的自我對話，還有你如何向他人表達自己。就你的吸引力力量來說，說出你的真相——就跟知道與活出它一樣——遠比去想像你的最終結果要來得重要。

如果你持續在你被教導的謊言裡對話，不論是跟自己還是別人，你自我欺騙的訊息就非常明顯——不只是對宇宙，也是對你周遭的每個人。

你正面對一個很重要的選擇。是打開心說出你的真相的時候了。

你需要知道，即使你曾被教導要壓抑每個真實的感受，你現在可以改變那個模式了。即使你被教導你和你的意見並不重要的謊言，你現在可以學習表達自己了。事實上，你的快樂和你的未來都決定於這個選擇。因此，說出心裡的話，並利用左列的指導方針來幫助自己更容易且更真實地表達：

1. 放心地以適當的方式宣洩你的感受。
   把感受寫下來或是跟個朋友聊聊，釋放它們，這樣你才不必帶著那些情緒能量在身上。
2. 溫和但持續地停止那些不讓你對自己說出真相的自我批判或自我譴責的想法。它們使巨大的謊言一直存在，如果謊言不受控制，它們會在你生命裡產生強大的負面動能。
3. 在每個機會肯定自己。
   選擇認出你的價值。創造與你的永恆價值共鳴的內在對話。
4. 表達你的需要，並在你和他人的關係與互動中提出合理要求。
   你有要求支持的權利；不要害怕這麼做。
5. 學習自由地表達意見。
   你的感受和意見是正當且有價值的。是時候去看到這個真相了。
6. 持續為自己採取行動。為自己發聲。
   在你拋卻老舊戲碼和謊言的時候，也請確定你不會在任何新發展的劇碼裡喪失自己的力量。你在任何情況下都可以自由做自己並且表達自己。

以上這些選擇都會尊重並榮耀你的最高意圖。如果你覺得上述有些技巧不是那麼容易，讓自己多練習，你會對你的真相所帶給你的自在感變得熟悉。事實上，你接受你的真相的每個時刻，它本身就是珍貴的成就。它是所有選擇中最高善，最有轉化力量的決定。

活在謊言裡的舊習性是在向宇宙表示，你願意讓自己浸染在虛假的能量裡，這使得你很難得到真誠的東西。然而，找到並活在你真實的力量，會從裡到外地改變每一件事。

這些在吸引力的過程中非常重要，因為它們是在生命的核心振動。你的靈魂想要活在它本身的愛和喜悅裡，而你選擇讓它成為你生命中的活躍部分會使你的吸引力無可抗拒。這個高階共鳴使你和宇宙及其他人在美妙的同時性和無限的創意裡連結——不只這一世，也在每個界域和時間。

這不僅是靈性的理想主義。你選擇每個時刻都活在你的永恆真相的決定，會把你徹底帶離錯誤的努力和絕望急迫的能量。而信不信由你，你吸引到的東西會變得對你越來越不重要。打從內心深處，認識真相的喜悅就是你一直在尋找的成就。當你終於這麼生活時，你會覺得你不再渴望，但你會發現其他成就卻輕鬆地到來。

你永恆的靈魂振動著真正神奇的力量。認識這個真相，並且現在就活出它的真相；你將在未來的每一刻發現言語難以形容的價值。

第十二章

整合片段

「我是宇宙的靈魂，我是一切事物並超乎一切。我是純粹的意識，獨特卻也共通。我是喜悅。我是永恆的生命。」

——shankara（印度哲學家）

創造命運的過程很複雜。雖然有許多的影響因素，但我們有能力去瞭解這一切。我們可以將很多個人力量應用在各種情況；然而，退一步，以清明、抽離和願意改變的觀點來看待人生是重要的。事實上，對絕大多數的人來說，要成功達成目標就必然需要改變。

絕大多數的人不了解吸引力過程的複雜性。雖然和吸引力相關的法則指出了在生命裡具影響力的模式，但有許多並非如表面所見。要得到我們想要的東西，跟寫信給聖誕老人並不一樣，也不是說得夠多次就可使夢想成真。

這世上有許多事在進行，有許多法則在運作。這些原理非常深奧和複雜。你的意識就是發電所，而你需要的是知道如何在人生的**所有**事件裡使用**意識的力量**。

所以，不要放棄這些法則——也不要放棄實現夢想的意圖。你反而要使用這些原理在一路上引導並幫助你做出不只能帶給你特定結果的生活方式的決定，而且也能創造一個真正完整、開心和充實的人生。

一切解答的源頭就在於你的個人和永恆的意識裡。永遠不要忘記你的意識具有的創造力和改變實相的力量。事實上，這是連結一切元素的分母。不論你是在處理人生週期或業力，或任何法則，或甚至你不知道的靈魂意圖，變得有意識、變得覺察是開啟一切的鑰匙。

讓我們來回顧你生命裡的這個非凡力量，看看它可以如何幫助你創造出你需要的改變。

活出你的真相

當你了解到是你的整個生命力而不僅是你的個人意圖創造了你的實相，你會知道，建立一個以真實信念和能夠賦予自我力量的生活方式來清除你一直生活其中的謊言是多麼必要。

如果一個期待理想結果的表面意圖，它的能量核心卻是被恐懼、氣憤或自我評斷所消耗，這樣的意圖是完全無效的。但你可以透過持續和有意識地選擇賦予自己力量的真相和自我定義，對你的生命力做出根本改變。你不再需要活在謊言裡，但你必須要能覺察出它們，並且有意願改變才行。

人們通常會防衛他們的謊言，說那是他們的本性，他們沒辦法改。但你如果在無法榮耀你、尊重你、賦予你力量的想法裡打轉，你只是在讓你的每個意圖挫敗。你必須向真相開啟。即使你最理想的嶄新信念跟你一直被教導的全然相反，你還是能夠有意識地讓它成為你的真相。

活在謊言裡表示活得沒有意識、沒有覺察——這是一個明顯把自己的力量拋開的選擇。當你相信你過去的謊言——不論它們是失敗、沒有價值、有條件的接受，還是其他的——這些負面說法絕對會破壞你的成功意圖。只要你繼續活在你的謊言裡，這個謊言會重複出現，而你會一次又一次地被給予機會來學習人生要教給你的內在功課。

記得，無論如何，潛意識的力量是非常巨大的。它驅使我們做出慣性的反應，卻沒意識到我們不經考慮的回應將產生的後果。這種不健康的習性必須被戒除，而當我們能夠有意識的去覺察它們時，我們就能做到。

思考一下左列的表格。一個顯示的是慣性的模式；另一個是較有覺察和有意識的詮釋。哪一個是你最常反應的習性？

習性——自動反應	有意識的回應
沒注意到真正發生什麼事	覺察到自己正在經驗的情況以及原因
只是出於習慣和情緒反應	記得自己擁有的選項以及做出不同回應的能力
落入無意識的逃避、上癮和關閉模式	無論如何都會選擇能榮耀自己和尊重自己的行為

把焦點放在失去或錯誤的地方	專注在你欣賞、感謝和正確的地方
急迫、絕望或操控	真誠、真實和真正地具有力量
被困住而且沒有意願改變	以願意改變和成長的心態向前邁進

當你檢視這個清單，你可以知道為什麼覺知是如此重要。如果你在納悶為什麼事情不像你希望它們發生的那樣發生，很可能是因為你仍困在某些自動反應裡。總之，選擇做出有意識的回應，是你所能做的最棒的事之一。它能讓你接收到美好的生命力，使你獲得長期和立即的結果。立即的結果就是你每一天都會開心，而帶著這樣的能量，長期結果自然隨之而來。

人們以為是他們生命中所做的重大決定定義了他們；其實是每一天的共鳴，是我們在不經思考下所做的無數選擇，決定了我們是誰和我們吸引到什麼。

用不同觀點來思考事情的時候到了。如果你每天的選擇定義了你是誰，那麼是有意識地去覺察那些選擇是什麼的時候了。

運用意識的力量去辨識、詮釋和處理任何週期

你的人生週期、靈魂週期和業力週期強烈影響你所創造和吸引的事物。而由於每個週期都有

原因，這是把你的意識帶到每一個經驗的好機會。與其忽視或與週期對抗，清楚地觀察，並接受週期所帶來的課題。

每件事——好與不好——都是生命在表達自己。我們來到這裡體驗，我們就必須願意體驗一切。

而療癒——不論是在身體、心智、情緒或甚至財務方面，是來自打開我們的心，並轉變我們的意識去創造一個更平靜和更恆久的真實詮釋。

最終，每個體驗只是我們賦予它們的意義。每個事件的價值是在於我們對它的回應——而不是事件本身。

當我們放下小我，把意識帶到靈魂的觀點，我們就能理解一個遠為高善和深刻的意義。當我們建立起這個清明、不情緒化的瞭解，我們對隱藏在每個經驗裡的許多美好機會會變得明智。我們不需要把每件事都看成是針對自己，從這種抽離的觀點，我們不但可以現在就獲得平靜，我們也可以在個人方向上得到指引。

檢視左列的說明，看看你的選擇和意識的力量如何能在每個生命週期幫助你：

1. 週期開始：這是當你在人生中進入一個新的經驗的時候——不論是全新的冒險，譬如離家去唸大學，或者是一個你可能會抗拒的身體上的經驗的期間，像是更年期。不論是什麼，透過把覺察帶到任何週期的開始，你就能獲得更多價值。清楚地思考你想在這段期間達成什麼？此外，有意識地決定你想在情緒上怎麼體驗。如果你正經驗或預期會是難熬的情緒，你可能賦予它太多意義。停下來想一想會帶給你希望和力量的詮釋事情的新方式。

2. 通過週期：當你陷在問題裡，問題會看起來更困難。因此，如果你正經歷某件辛苦的事，你要保持樂觀的能量與動能。
在週期中段，重新評估你的選項並持續採取行動，在前進的過程中支持自己。定期分析自己是出於習慣的反應還是有意識的回應。
在困難期，多靜坐，思考抽離的意義。跳脫自己身處的狀態，以一種不執著的態度觀察，知道這個週期會轉變為其他新的事物。不論是最艱困的難題還是最高的成就，它們是你永恆的生命在表達自己。它們也都是你人生過程的一部分，而你有能力處理。
當你經歷某個期間，試著不要太抗拒當下的能量流。反而，看看這個潮流會帶你到哪裡，並思考宇宙要教導你什麼。這個接受的意願和抽離的心態，加上對事物的開放觀點，將會喚醒你的意識，你會對你靈魂的意圖有所覺知。你會知道人生中的一切是依據兩個主要因素推動你向前：你對它的態度和你對它的行動。

3. 離開週期：在這個時候，你意會到事情開始告一段落，而你要進入你的下一個階段。許多在這個週期的人並不思考接下來會發生什麼，他們要不是開心困難過去了，就是難過一段美好時光的結束。但不論你是離開了開心或辛苦的體驗，你仍然要把你的意識帶到這段時期。

停下來想想，什麼可能結束了。允許自己告別並抒發情緒。當你離開某個階段或事物，你也在進入另一個階段。尊重這個改變，放下過去，然後計劃你的道路的下個步驟。

4. 重複週期：有時重複週期並不是件那麼好的事——尤其當你是在重複困難模式的時候。在這個階段，加強你的意識並找出究竟怎麼回事特別重要。如果你看到同樣的模式一而再再而三地出現，你就知道你可能需要做些內在改變了。

即使你只是剛剛被困在一個長期的問題裡，也許現在是為問題帶來更高意識的時候了。

如果你一再遇到愛挑毛病、吹毛求疵的人，或是求職一再受挫，問問自己，**這裡的課題是什麼？我的靈魂要求我專注在什麼上面？**

在第一個情況，你會吸引愛挑剔的人可能是因為你仍然有挑剔自己的習慣。這是很重要的意識課題——是專注在你的價值而不是你的舊謊言的時候了。

第二個情況也可能起源於負面的生命力能量；你可能在某方面排斥或拒絕自己，也或者你的急迫已經使你產生矛盾意圖的有害能量。如果是這樣，你需要記得，你的意識的力量有部分是跟你如何詮釋事情有關。你可以讓每次事件都像世界末日，然後自己變得越來越絕望。你也可以把這個經驗看作過程中比較困難的部分，而它是在喚醒你去選擇信任、有彈性，並發揮你靈魂的勇氣。

不論你正經驗什麼挑戰，你**確實**有力量度過，你也有力量不再重複，並且瞭解挑戰的意義。

要打破重複的模式，你可以問問自己，什麼榮耀你？往內探究，然後對你靈魂的答案開放。這可能不容易，但是要依隨你得到的指引。

走出你的舒適區，選擇以信心取代恐懼，現在就重申並收回你的力量。

* * *

所有這些週期階段都是生命起落的一部分。雖然你不能控制發生在身上的每一件事，但你永遠可以控制你的反應。這樣的意識創造機制能夠幫助你以力量和恩典度過你人生中的事件。

回顧前面第九章的週期步驟，靜思每個週期對你的意義和提供的選擇，把它們寫在日誌裡。

當你啟動了你永恆意識的力量，你就能在人生的暴風眼裡保持平靜。

意識和思想的力量

雖然你靈魂的身分是你永恆振動的核心，在這個塵世經驗裡，你的**思想**是你的意識的中心。而覺察到靈魂的存在是你再也不能忽視的極其重要的資源——因為它能幫助你打破你的思想模式，幫助你享受幸福的美好感受。

在我們稱為人生的體驗裡，我們一直在編織永不停止且錯縱複雜的心智活動。這是為什麼釋放謊言，接受一個能尊重、榮耀，並給予你力量的真相這麼重要。

我們透過思想形成認知，透過思想表達自己。我們的思想形成了我們的信念，我們的期望，甚至我們的情緒。也因此，意識是一切的開始。有人甚至會問：沒有思想，這世界從何而來？依據意識創造實相的理論，它就根本不會存在了。而這正是我們人生經驗如此驚人的地方。我們的思想有力量創造奇蹟，它們也同樣能製造痛苦和不幸。

我知道我在本書的前四章花了不少篇幅要你不要太在意自己的思緒。我依然維持且支持這個建議，因為對任何事吹毛求疵到抓狂的地步，只是在混亂自己的思考和想法。由於思想是如此有力量，你對它們的態度就不能是偏執、急迫或批判——要不，你改變它們的意圖只會是浪費時間。

思想有趣的地方在於，當你放鬆時，它們最有創意。當你擔憂或心煩意亂、生氣的時候，它們最不具創意，跟宇宙心智的連結也越弱。

當我在諮商執業初期，專門治療恐懼症的時候，我就直接學到了這點。從那時到現在，我已治療過數百位有著巨大恐懼，從醒著到夢裡都深受困擾的個案。心臟病、癌症、動脈瘤，還有飛機失事、車禍，都是他們害怕的事，而這些只是折磨他們心智的幾個最糟情境。

大多數個案在治療初期時，每天的生活都要面對這樣的慣性恐懼。然而，他們特定的恐懼並沒有發生。事實上，在我三十年來處理過的數百件恐懼症個案裡，只有一位死於她所恐懼的事，但即使在那個案例，我也不相信是她的恐懼使之成真。現在你可能會想，就算只是根據數據，巧合事件所發生的機率都遠遠高過了這個比例。

那麼，關於思想創造實相的原理究竟是怎麼回事呢？嗯，它說來跟**腦波頻率**有關。當你處於放鬆狀態，你的思想最有創意，而你的腦波是在所稱的阿爾法（alpha）波，每秒振動的頻率是八到十四次。這是為什麼催眠、放鬆和引導式觀想重要的原因。這些技巧能夠引導你進入平靜穩定的狀態，你的心智頻率安定了下來，你因此可以創造心智影像和有效設定你的肯定語及意圖。

總之，當你的腦波上升，離開阿爾法波進到貝塔（beta）波範圍，也就是每秒超過十四週期以上，你的心智的創造力會大幅降低。而你越是擔心和憂慮，你的腦波頻率就越上升，你的思想就不那麼有效率。

這解釋了為何這麼多恐懼症和強迫症的人擔心那麼多卻沒有使他們的恐懼成真。但是，他們確實經驗到擴展的焦慮，因為他們負面的聚焦消耗了他們的能量和生命力，他們也相信他們需要掌控一切的謊言。當然，我曾有過個案所恐懼的問題確實成真的例子。事實上，我經常遇到這類案例。譬如說，一位女子可能一再地想她永遠不會遇到對象，而這有可能是真的。但我會擔保，是她絕望的生命力，而不是她的特定恐懼導致了她所擔心的結果發生。

因此，如果思想是你的意識的核心，而你的意識創造了你的實相，那麼什麼會是你改變想法的最佳方式或心態呢？答案是以一個明智、合理、平衡和自愛的態度，專注在最重要的議題上。這個平衡的方式並不表示正面思考不重要，也不表示你必須在意你所有的思緒，甚至被任何一閃而過的負面想法嚇壞。這個穩定的態度會使你平靜地檢視吸引力運作的過程。你可以持續覺察跟你的認知共鳴的模式，同時也給自己自由與彈性去探討可能需要你注意的任何其他模式。

回顧本書第一部的心靈解答，記得以下的指導方針：

1. 你最重要的思想上的改變是去認出並轉變你過去的負面謊言，尤其是那些剝奪你的力量或無法榮耀你的謊言。
   你對自己的看法在意識創造的過程中極為重要，因為它能改變你整個生命力以及過程中的一切。

2. 介入受限或恐懼的心智模式。

當你注意到自己在恐懼或悲觀的時候，溫和地提醒自己，你不需要再那麼想了。至少至少，請釋放你的憂慮；如果可以，用能夠帶來樂觀和信任的簡單念頭來替代。

3. 練習肯定、感謝和平靜的正面想法。

寫下你的正面選擇並且經常重複去讀它們。提醒自己，這些陳述代表了你的真相。

4: 靜思你的肯定語句，在阿爾發狀態體驗它們。

挑一個簡短的肯定語，譬如**我是值得的**，或**我是愛**，並把它當做禱文，引導自己進入冥想或睡眠狀態。柔和、帶著愛地重複說，不要急迫或期待結果。

透過採取這種愛和平靜的態度去重新訓練你的思想，你能夠降低迫切感並且提升你的意識到更高的意圖。你也因此跟宇宙心智的共享意識調諧。

意識的力量和法則

如果你真的想啟動你生命裡的吸引力法則，你需要知道如何使用你的能量，讓你的個人力量和明確的意圖與它們的創造力共鳴。牢記以下的原理可以幫助你創造出你渴望的命運。

1. 顯化法則——你如何創造。

你的意識以你的生命力為基礎，創造了你的實相，也就是你實際的生活。你必須放下在你潛意識和意識裡穿梭的謊言。專注在人生中正確的地方，而不是錯誤之處。把握每一個機會，讓你的意識回到那無可懷疑的真相——你的重要、價值和永恆的身分。

2. 磁性法則——你如何吸引。

這完全跟能量有關，因此要覺察你平日的情緒。以愛自己度過負面感受的時候。記得以信任取代恐懼，以平靜取代衝突矛盾。把這些有意識的意圖當一回事。

3. 純淨渴望法則——你如何想。

覺察自己渴望目標的原因，並對你的動機誠實。將小我從意圖中拿掉。滿足自己的需要，讓自己開心，並在當下的平靜中努力執行你的計畫。

4. 矛盾意圖法則——你如何依附。

你意識到生活裡有任何迫切和絕望的心情嗎？如果是的話，你需要放鬆並放下控制的心態。

允許自己以平靜和有彈性的決心來面對你的渴望。不論你現在在努力達成或追求什麼，留意當下有哪些可以感謝的事。

5. 和諧法則——你如何連結。

意識到我們是一個整體。我們所共享的一體不單在精神上，也是能量上，甚至科學上的。停止把自己看作是分離，或優越，或低下。當你有意識地和這個和諧的平等連結，你就以無可估量的速度加速了正面的創造。

6. 正確行動法則——你如何互動。

你和整體無法否認的連結要求你對如何對待他人變得更覺察。待人真誠和慈悲。把愛帶給每個人和每個經驗。說出愛、送出愛、選擇愛、成為愛。

7. 擴展的影響力法則——你的能量如何擴展和回返。

你和宇宙心智及所有人的能量連結會將你的意識四處擴展。覺察你和他人之間的相互影響。明智地使用你的力量。

所有的這些法則都要求你對每天的生活要更為覺知，這會需要時間。

打開你心智的覺察力，停止過著以情緒、小我和直接反應的生活。就你的創造力而言，意識的力量是無限的，但你必須要在你每天的生活裡使用它才能造成改變，而你早已經有了開啟那扇門的鑰匙。

意識創造的六個關鍵

如果你想提升**有意識的創造**的能力，在你的生活裡固定執行以下六個技巧，把它們應用在大大小小的事上，你很快就會看見，豐盛不僅是未來的目標，它也可以是當下的體驗。

關鍵一：放鬆和冥想

當你瞭解了腦波頻率和個人創造之間的重要關聯後，你會意會到你必須要放慢速度並且放鬆。為了讓你在創造目標時更有效率，你需要經常地降低你的腦波頻率到一個放鬆的狀態。這會有助你安定心智（意識轉換裡很重要的部分）。你也要放鬆你的身體，這樣才能產生更安寧和平靜的磁性振動。了解了這點之後，你知道不論你使用哪種冥想形式，透過練習你就能立刻引動吸引力的前兩個法則——顯化法則和磁性法則。

但冥想靜思的好處不僅於此。如果你透過冥想放鬆，並且也進行釋放練習，你就能加速你的意識從老舊模式轉換到嶄新和擴展的真相。在放鬆後，想像自己看到所有陳舊的資訊、傷痕或問題，慢慢浮升出你的身體，它們變成了一朵雲，隨風越飄越遠，直到消失。祝福你的過去，然後把過去放下。

你也可以冥想一個字、一個意圖，或是一句簡短的肯定語。放鬆的時候，深呼吸並單純地重複那個你想強化的字或句子。重複這樣的陳述句：**我是愛，我很健康，我是值得的，我是有價值的，我是永恆的。**

記得，心智平靜的時間是你一天中最有力量和有效率的時候。所以如果你真的想讓這些改變生命的真相進入你的潛意識，你不只需要在你警覺和清醒的狀態下肯定它們，你還需要在放鬆的時候，持續播下種子。

靜思冥想是你關閉外在世界並和自己永恆靈魂重新連結的時間。這是你和上帝、天使、指導靈與自己的高我連結的寂靜時刻，這在意識上所產生的創造力是無可估量的。

把注意力放在你的心輪的光。感受你的源頭和永恆靈魂帶給你的力量與平靜。要求你想知道的訊息，然後要願意接收。你越常這麼做，你就越能感覺到連結，而且你也會在清醒的時候得到想法和啟發。你將會很訝異這個技巧所帶給你的美好效應。

關鍵二：肯定語

如你所知的，活出一個肯定的人生是解開神祕的命運創造的關鍵部分。有趣的是，許多書告訴你不要說負面的話，接下去卻說肯定語沒用。但如果你帶著覺察，你永遠有以肯定取代否定的選擇。

肯定語可以有兩種應用：第一個是固定和有系統的方式。寫下你的肯定語句，經常複誦，並冥想它們的真相和意義。

第二個是當作介入的工具。當你注意到自己持續有負面想法的時候，提醒自己有正面的選項。做一個釋放的宣告，然後把負面想法放下。如果同樣的舊問題繼續浮現，進行前一章提到的認知重建技巧，並使用那些替代思想當做你的肯定語和新的意圖。

記得你的肯定語要能跟你的心共鳴。如果你抗拒說「我愛我自己」，那就從「我在學著愛我自己」、「我打開自己的心，一天比一天愛自己」開始。漸漸地，說些更確切或絕對的想法，讓自己對那樣的說法感到自在。記得，如果你在放鬆的狀態下進行肯定語的練習，它會比較容易並更有效地改變你潛意識的暗流。

除了肯定自己外，也要肯定你的人生。肯定地說「今天是美好的一天」，然後花些時間去留意和感受，同時也肯定你的未來。這會啟動樂觀和正面的期望，這在你的能量振動上是很有力量的共振。深呼吸，然後說：「我的人生越來越美好——我有力量現在就創造快樂。」「我對每個新的一天所帶來的冒險，還有來到我生活裡的所有意外祝福感到興奮。」

肯定語絕對是真實的，也絕不是浪費時間。你可能不會立刻看到結果，但不要忘了能量振動的強大力量。當你整合了這些正面的觀點，你會累積相符和一致的正面能量，而這就是你想發送到世界的意識。

關鍵三：觀想

想像力是意識創造裡非常重要的部分。持續看著負面影像或是在心裡想像可怕的畫面，對你的意識會有非常不健康的影響，也會對你現在的生命力造成巨大破壞。反之，平和的影像在你的能量上產生溫和的振動，並且能有效影響你所創造的實相。

因此，讓自己被美麗的藝術圍繞，也花些時間去欣賞。有意識地選擇你看的電視內容。試著不要在睡前看暴力節目或新聞，研究指出，睡前的最後影像與想法會在整個晚上重複。它們不只影響你的睡眠品質，還會影響你的夢跟意識的內容。

在觀想你渴望的結果方面，記得要先冥想並放鬆。在這個放鬆的狀態下，你的影像會有更強大的創造力。無論如何，不要執著，如果你對所觀想的畫面感到迫切，它會馬上使你脫離阿爾發的腦波頻率，進入成效沒有那麼好的貝塔狀態。

想像你的心智影像除了要放鬆之外，加上感謝的能量會非常有吸引力。我的牧師友人傑森（Jason Borton），也是直覺式教練，他推薦了一個跟視覺板有關的技巧。他建議，與其把視覺板侷限於你在未來想擁有的好事，你也可以加上生命中現在就已經擁有的美好畫面。不論是孩子的照片、你的家、你的花園，還是你最喜歡的度假地點，把它們跟你期待的快樂結果的影像放在一起。當你看著你的視覺板，你會看到你人生中所鍾愛和喜歡的一切，這將會激發感恩的共鳴。

而後當你將目光放在你渴望的其他畫面時，你的感謝能量將會擴展，轉移到即將來臨的事上。

透過這樣的方式，你事實上是在以你鍾愛的回憶與當下的感謝為你的經驗充電。就你的能量和宇宙的回應來說，將有一個微妙感應，而你會認知到：一切都在進行當中。

關鍵四：感恩

感恩是一種情感的意識狀態，而許多人卻只把它限於生活中的特殊事件。遺憾的是，這個態度嚴重阻礙了他們活得快樂和創造磁性生命力的能力。越來越多人似乎活在羨慕別人所擁有的生活，而不是活在喜悅和感恩，因而傳送出成長中的不滿足暗流，並因此降低了人類意識所共享的感恩能量。

但如果你仔細觀察，你可以在每一件事上——從稍縱即逝的悠閒片刻到一朵花的簡單花香——看到價值。這個持續覺察的感恩的心是你吸引力運作過程中最正面和有力的工具。而且選擇**感恩**和**愛**永遠會帶你更接近你的靈魂意圖，這個一致性的意義遠超過你能想像。

感恩發生在兩個重要方式：第一是認出並欣賞價值的意圖，第二是創造感恩的意圖。創造價值的行動可以是快樂的源頭，因為它結合了喜悅和正面的目標，並把當下的覺察帶到不斷的選擇裡。感恩不只是尋找可以感謝的事，它是主動積極地創造出可以被感謝的人事物。

感恩的意圖創造出美好的生命力，它會吸引更多被感謝的事物進入你的生命。現在就看看你周圍的一切，然後說，「我真的很感恩」或是「我很感激」。暫停片刻，讓自己好好感受這個感覺，深深地吸進感恩，讓感謝在你的心裡成長。看看你愛的人，然後花些時間感謝。想想他們帶給你的人生意義與價值，並且表達你的愛和謝意。

同樣地，看著鏡子說：「我感謝我自己。」「我感謝我每天為自己所做的一切，我感謝我的時間和注意力。」承認並欣賞你真實自我的價值將在你的意識建立起內在力量和「我值得」的感受，它會帶給你力量去處理可能出現的任何障礙。

是去感謝你的永恆生命並看到它的價值的時候了。當你這麼做時，你會認出並感謝你的天賦權利所帶給你的一切祝福。

感恩是生命態度與真相的共鳴，它充滿了看透事物的智慧。在你每一個看到價值、創造價值和感謝的決定裡，你的感謝會將你的生命共鳴與一切美好事物的源頭校準。

為你所是的一切和你所擁有的一切感恩是一種溫柔和療癒的振動，因此，經常深深感謝。

關鍵五：愛

愛不僅是浪漫的情感；它是宇宙裡強大和創造性的力量。以一個充實的人生和充滿生氣的活躍生命力來說，愛的意識是點燃一切的能量。這不只是奇思幻想或充滿想像的理想。這是能量上的真相。

愛是以心為中心的能量，它連結我們全體並從存在中打造意義。我們會被喜愛的事物所驅動；我們因此感受到興奮和激動，感受到內心的感謝。愛的情緒可以因為欣賞一個人、一個地方或甚至一個經驗——譬如一個溫暖的夏夜，音樂聲，遍地的花朵，或一件藝術品的美麗——而被點燃。不論那會是什麼，當我們愛某個人或某件事，我們的心充滿了喜悅，生命也充滿意義。

愛在振動能量的渦旋中擴展，而你就在這個旋轉力的中心。你不只值得被自己愛，你也是唯一要對此負責的。如果你不選擇去愛自己和看到你具有的價值，愛的渦流就無法接收到動能，也就無法向外創造出你渴望的結果。而厭惡自己——或甚至自我否定和放棄，若變成你經驗一切的過濾器，它們會毒害你可能擁有的喜悅，讓你的快樂像是不可能的任務。

因此，如果愛自己是令你感到陌生的概念，你需要知道，你依舊活在他人的謊言裡，而你現在就有選擇去接受一個新的真相。

當你在生活裡帶著愛的意圖，你的自愛的意識也會擴展。每一天，注意你能把愛的能量帶到生活裡的各個方式。當你看著身邊的人、物和發生的一切時，重複**愛**這個字。你會自動感覺到壓力被釋放，它柔軟了你生命力的振動並產生難以抗拒的共鳴。

愛的意圖是你所能採取去解決任何問題或確保任何解答的最有力方式。如果某人令你氣惱或困擾，送出愛。如果某個情況看來毫無可能，送出愛。如果你覺得被陷在某個週期或就只是情緒消沉低落，送愛給自己。愛的能量是有創意和力量的。它是神奇發生之處，因此不但不要放棄它，還要讓它成為你做得最好的事。

愛的意圖能夠大幅提升你的能量，使生命充滿喜悅，你會因此喜歡自己的人生。想想每一天的你都是開心快樂的，把愛帶到你的意識就是讓它發生的方法。而這個意識上的轉變顯然是真正能夠改變生命的觀點。

愛你自己、愛你生命中的人、你去的地方，以及你所做的事。當愛成為你看待實相的濾器，改變會非常戲劇化，你再也不會以同樣的方式看事情了。

關鍵六：覺察和選擇

你可以把更高的覺察帶到你生命中的各個面向。溫和而堅定地選擇對你的思想和你在任何情況中的所有選項更有意識與覺察。

如果你帶著眼罩在人生中行進，你是在讓你的情緒和你的小我決定你的命運。如果你沒有把覺察帶到當下，要有意識地創造出你想要的未來會是不可能的。

停下來想想你的心智和情緒能量。如果你依然徘徊在和你的力量、價值或值不值得有關的謊言裡，你需要把你的覺察帶到你認知到的選擇。不要慌，只要提醒自己，在任何時候你都確實有機會去選擇可以榮耀和帶給你力量的想法與反應。當你在充份的資訊下做出明智選擇，你就主宰了你的思想和情緒。

不論是在科學或人生，相鄰的可能性（adjacent possibilities）概念揭示，無論我們預期或期待怎樣的結果，總是有可能發生某件完全不同的事，使得多樣和意料外的變化機會因此擴大。以你個人的體驗來說，這表示你絕不會受限於你的老舊定義。你的人生和你的意識一直不斷在演進。每個時刻都有許多，甚至上百種鄰近的可能性。有無數的認知、思想和行動上的選擇可以完全改變你的實相。覺察這些選擇！一個刻意的焦點轉變可能會帶來意料外的驚奇；而一個進入相鄰可能性的時刻，可以帶引你的人生進入未知和極為不同的方向。

記得，任何事件的喜悅或悲慘是來自你如何有意識地詮釋它。不論發生什麼事，你的意識都有能力認出一個更高的意義。不要因分心、扭曲或失望而讓思想僵化了。下決心保持覺察，並對身邊一切的正面選擇開放你的心和頭腦。

如果你想知道真相，愛，事實上就是你所有力量的源頭。如果你無法意識到愛的存在，你就無法認出愛。如果你覺察不出你需要感謝什麼，你就沒辦法感恩。

選項、想像力、樂觀、信任與愛，它們都在你的意識場等候。覺察它們，然後鼓起勇氣去選擇它們。當你繼續做出這些選擇，它們會更容易成為你生活的方式。

全世界的人們正體認到他們再也無法依照舊有的規則和模式生活。我相信你也感覺到了。你心裡知道，改變的時候到了——而需要改變的就是**意識**。

要改變世界，你必須改變自己。帶著微笑；並且知道當你這麼做時，你就是在改變自己的命運，以及我們大家一起共享的未來。

真實的信念

在創造命運的旅程中，我們有許多路可以追隨。在人生過程裡，如果我們發現某個選項並沒有帶領我們到最好的方向，我們永遠可以選擇另一條路。如果某個技巧沒能產生想要的結果，我們可以研究並找出原因。我們可以探討還有些什麼可能或狀況，而透過獲得所有事實，我們變得更有力量。

在一次次的經歷中，推動著我們向前創造未來的，並不是我們所遇到的事，而是我們如何回應。當我們學會以健康的方式回應，我們便在我們意識的核心創造了價值，而充滿喜悅的宇宙將以健康和愉快的結果回報我們。

改變一切的力量就在改變信念的選擇裡。但是那個改變必須是溫和，不是絕望或急迫的。

你要相信自己和自己的未來。你越是對自己的能力和價值有信心，你在世上的能量動能就越強。

這是為什麼打破一切虛假的自我認知是如此重要。你有過去，但你**不是**那個過去。只因為你愛的某人在你年輕時教導你某件事，並不表示那件事就是事實。

是時候去清除塵埃和你舊有的錯誤恐懼了，讓陽光灑進你的黑暗角落。每一天，冥想愛自己和你的永恆價值。這不是浪費時間；這是最終會使你獲得自由的真相。

意識確實會創造，而你的意識有創造偉大奇蹟的能力。每當你超脫混亂並在你的心和靈魂內休息，你就有力量來到這個莊嚴宏偉的狀態。

你所渴望的豐盛，此刻就在你心裡。它就在你的每一個選擇和每一個愛的思想裡。每一刻，你的生命都在表達自己，而你的靈魂想要你記得你那燦爛美麗的真相。傾聽來自你永恆靈魂的智慧低語。你所尋找的答案、喜悅和祝福都在那兒。

結語
愛的遺產

「意識使我們能夠在每一件事和每一個人身上經驗合一。」

——*魏思曼・達倫博士（Dr. Darren R. Weissman *作家）

人生以令人眩目且迷惑的方式在痛苦和喜悅中穿梭，高低起伏一波又一波。我們有可能在同一個時間體驗到這兩個極端嗎？在我心裡，這是毫無疑問的。事實上，我自己最近就經歷了情緒的兩極。那是脆弱卻又充滿力量的境地，一個強烈苦甜並存的時刻。

在本書的序裡，我提到我親愛的友人派特罹患肌萎縮性脊髓側索硬化症，是她的經歷啟發了這本書。

不久前，派特的靈魂讓她的身體形式去了一個頻率很不同的地方。透過她的生命與死亡，她向我展現不論有多艱難，我們依然能夠體驗到無法描述的喜悅。即使現在，在我為她的過世傷心悲痛的時候，透過所有的淚水和傷悲，我仍然能感受到存在於她生命力的深深感謝和完全的喜樂。

認識派特是我生命裡最大的祝福之一。她稱我為她的老師，但結果證明她才是我的老師。她的一生教導我歡笑和不朽的愛的力量。在她生命的最後一年，她更是教了我許多關於慈悲、優雅、智慧和永恆的課題。

派特有好一段時間不能動，但令人訝異的是，她仍能非常開心快樂，她也很明確的表達了這點。當然，她花了一些時間處理和消化她的經驗，然後發展出一個超脫於所有困難的意識。她最終在這樣的經驗裡找到了對她真正有價值的目標——還有對所有認識她的人。

派特告訴我，她曾在睡夢中出遊，她知道她的靈魂會繼續存在。她並不害怕死亡，因為她已意識到內在的靈魂和她永恆生命的實相。她只希望她在以前就能夠跟那個內在自我有更緊密的連結。

在她被迫無法行動的時候，她冥想並且放下了一切，因而經驗到比這個人世更棒更偉大的境界。也因此，她不只在她的處境，也在她的生命和肉體的死亡裡找到了意義。

她好像開悟了一般。她向來很有趣，即使生病的時候也從沒失去她的幽默感。她也一直充滿愛。而在那最後幾年，她散發的愛充滿了她所在的空間，也以明顯的波散播在這個宇宙。

雖然派特連動也不能動，她卻有力量去欣賞和感謝一切。每一件小事和回憶都能帶給她喜悅。她不是受害者或嚴格的老師。雖然她也有沮喪和憂傷的時候——當她想到她終將告別的人與事——但她總會回到深刻的靈性認知所帶給她的平靜。

我不知道為什麼她的永恆靈魂帶引她走上這一條路。這麼重大的事必然是個生命課題。或許這是最終極的放下。或者她的意圖是要向我們這些認識和愛她的人證明：在任何情況下，我們都能夠快樂。

我的淚水和哀傷讓我知道，她教給我的課程裡有很偉大的禮物。她教了我，快樂永遠不必等待。她教導我擁抱每個時刻，教導我只要我放鬆並開放自己，讓平靜和感謝進入，我就會看到許多值得感謝的事。

我這輩子都在教人怎麼重新定義他們自己和他們的處境，但我從來沒有那麼清楚地看到無限的真相，直到我透過派特的眼睛看到。

我們在每一刻都有那麼多的選項——無限的選項。我們可以不被小干擾弄得氣惱，我們可以去發現開心的事。我們可以不必把每天的工作看作沉悶或繁重，我們可以把它們想成是我們的生命在表達它自己。與其渴求與不滿足，我們可以看看自己周遭，然後說，「我的人生就是禮物；現在來看看我可以把它帶到多開心的境界。」

無論如何，或許是因為她所經歷的一切，派特找到了那個充滿喜悅的地方。她跟我分享了那個喜悅，而跟你們分享是我最大的渴望和榮幸。雖然你在這個塵世形式並不認識她，但她並沒與我們分離。在很真實的能量關係裡，每一個意識在能量上都是相繫的，而這個集體的連結無法被阻隔。

以能量和意識而言，派特依然生氣勃勃地活著。她的生命力擴展到宇宙，與其它類似的能量一起去參與創造這個世界的結果。現在，你可能以為這只是因為她的靈魂能自由遨翔了，但並不是靈界才有這種隱約微妙的影響。你現在的能量就一樣有影響力。個體的靈魂和全世界的靈魂並沒有分離——身為人類物種，我們所共享的意識是需要被正視的力量。

四海一家

科學上來說，我們在能量上的連結是無庸置疑的。我們不是孤立的個體，我們的影響力也不是只侷限在家人和友人。我們每天都一起為全體人類的意識場做出貢獻。

甘蒂絲・珀特博士在她的著作《感受上帝與美好所需知道的一切》精彩描述了我們連結的生命力。

> 想想，我們都是共振網絡的一部分，我們不是被堅固硬梆梆的線路連接，而是被通過我們情緒的振動分子——接收器、胜肽和其他資訊物質——的脈動能量流所連結。你的、我的、坐在你身邊的人等等，我們的振動分子共同產生了一個能量上的，共振的場域。

這個人類意識的美麗「共振場」被我們每天所加入的能量和資訊所充斥。它是我們能量和資訊的來源，我們無時無刻都在供給並接收特定類型的振動，並以微妙或不那麼微妙的方式感受到它們的影響。我們最可能接收到哪種共鳴，主要決定於兩個因素：

- 我們個人的意識和能量的素質／傾向
- 在特定時間裡共振場內最普遍能量的力量與動能

集體情緒和態度一直飄浮穿梭於我們的環境，在我們的潛意識和情緒實相裡瀰漫著。如果那些飄移的情緒是負面的，當我們想法悲觀，我們很容易就接收到它們。換言之，如果我們正經驗到某件開心的事，或就只是以比較樂觀的認知來看待事情，我們感受到的就會是場域裡的愛的振動。

第二個影響意識擴展的因素是較佔優勢的共享能量。一個重大事件或連串事件會投射出一定的共振，而隨著越來越多人感受到這樣的經驗，那個能量會累積，並隨每個人的情緒回應益發增長。

發生在二〇〇一年九月十一日的事件就是這麼個例子。由於恐怖攻擊，紐約市的世貿中心大樓被摧毀，五角大廈毀損，一架飛機在賓州墜毀。這些經驗本身，加上民眾一連串瀑布般的對這個事件的情緒效應，產生了全球都感受到的強大動能。那個可怕事件的影像在全球媒體重複播出上百，甚至上千次。由於圖像是意識創造的重要部分，這類強力的視覺畫面在每個目擊者的腦中和心裡都產生巨大的衝擊，最終轉變了整個星球的能量。

看到那些畫面而沒有激烈的情緒反應是很難的。在九一一事件的震撼許久之後，恐懼依然在擴張並深植在個人和人類整體意識裡；而在許多方面，它也依然在擴展。這個事件和其它幾個全球性的議題讓我們感受到每個人的意識。近來，憂慮的能量一直在擴散。不論是憂慮經濟、環境或國家安全，恐懼的能量場一直被滋養。

在個人層面來說，你需要知道，你並不必接受或認同群眾的反應。如果你本身經歷某件難熬的事，譬如失業，那麼你需要釋放情緒，但不必老是述說狀況有多差、多沒希望。你不必用你的經驗和群體的心智來定義自己。你能夠自由的去創造一個新的意識——一個有韌性、彈性、堅定和充滿希望的意識。你可以和具有同樣意圖的人聚在一起冥想、肯定、祈禱和行動。

事實是，我們都需要為自己和這個世界採取這類正面行動。我們可以協力使這個世界進入一個具有愛的意識的更高振動。我相信我們之中有許多人正是為了這個原因在此時此地聚在一起。你和我，還有上百萬的靈魂事實上都共享一個靈性的意圖，那就是去療癒恐懼，並以合一彌平分離。

然而，如果我們不先放下彼此間的競爭，我們就無法免除不同國家和文化間的競爭。是放下敵意與對抗，以慈悲和個人的平靜為優先的時候了。不論你的個人目標是什麼，你的靈魂對你有非常特定的計畫。那個目標與偉大的靈性意圖符合，也就是將自己和這個世界推進到一個更高目標和瞭解的道路，去擴展愛與和諧，在本質上再次成為一個整體。

人類種族曾經經歷艱困的時期——戰爭、大蕭條、環境的變遷。我們一起經歷了許多困難，而作為一個群體，我們可以促成此刻所需要的改變。我們必須深掘我們的靈性真相，去找到能帶領我們渡過難關的信心、信任和堅持不懈的精神。這不是異想天開；這是一個可以改變一切的真誠意圖。

仔細傾聽你的永恆之聲。它在你心裡，不斷地對你低語你的珍貴、價值和非凡的力量。當你把這個驚人的體認帶到你每天的生活，你人生的所有元素都會跟著蛻變。

每天花幾分鐘讓自己和這個終極真相校準，然後繼續引導療癒和愛的意圖進入人類意識光明與開放的能量場。經常這麼做，正面的能量渦流就會增強。

沒有人知道我們的人生會有什麼有趣的轉折。不論我們做什麼或完成了什麼，我們都留下印記——一個在集體命運裡的意識腳印——在這個世界和整個宇宙。

我們有能力創造奇蹟，而愛，就是最偉大的奇蹟。

如果我們能以愛對待自己和他人，一個閃亮燦爛的新實相就會出現。

愛的俱樂部

讓我們連結我們愛的意圖，為自己和大家創造一個正面影響力的渦流。能量會擴展，而共享能量更是以指數擴展。

如果我們每天都投入於愛的祈禱，我們就能改變一切。請肯定的說：**「我選擇愛。為我自己、為別人、為這世界，我選擇愛！」**經常說這句發自內心的意圖，並且知道，我們大家可以一起在各個方向分享和擴展愛的能量，為彼此和這個世界創造出超乎我們所能想像的美好結果。

這就是愛的意識的力量。它可以重新定義我們，並給我們飛翔的翅膀。它可以提升我們，並轉變逆境。

純粹的愛創造出超乎我們理解的療癒與幸福。而當我們專注在這個美好的能量上，我們可以把這個世界帶到一個全新和美麗的境界。

那個壯觀的目的地正在召喚我們，而能帶我們抵達的，就是**愛**。

謝辭

我深深感謝我的家人——Sarah Marie Klingler, Benjamin Earl Taylor, Jr., Sharon Klingler, Vica Taylor, Jenyaa Taylor, Ethan Taylor, Devin Staurbringer, Yvonne Taylor, Kevin and Kathryn Klingler.

我對賀屋出版社的一群傑出同仁致上無盡的謝意，包括Louise Hay, Reid Tracy, Jill Kramer, Jessica Kelley, Jacqui Clark, Richelle Zizian, Christy Salinas, Diane Ray, Emily Manning, Amy Gingery, 以及所有在這間傑出出版社的工作人員。

謝謝我勤勉、孜孜不倦和非常有創意的經理 Noreen Paradise，還有漫漫長夜工作卻總是保持愉快心情的打字員 Rhonda Lamvermeryer，還有有趣的Andrea Lonshine。

謝謝帶給我啟發的同仁：Candace Pert, Mike Ruff, Wayne Dyer, Colette Baron-Reid, Darren Weissman, Eldon Taylor, Deborah King, Donna Eden, David Feinstein, Peggy McColl, John Holland, Carmen Herra, John C. White, Lauren Mackler, Tom Newman.

謝謝我心裡的家人：Marilyn Verbus, Barbara van Rensselaer, Ed Conghanor, Julianne Stein, Melissa Matousek, Tom and Ellie Cratsley, Karen Petcak, Michele Dregas, Valerie Darville and Julia White, Esther Jalylatie, Delores, Donna, Kathy maroon——我愛你們。

謝謝我的Lily Dale家人：Sue Glasier, Joanne Taft, John White, Stephanie Turachak, Barbara Sanson, Alpha Husted, Ellie Cratsley, Martie Hughes, Lynne Forget, Shelly Takei, Connie Griffith, Elaine Thomas, Jaccolin &Joanne Franchina, Tim Brainard, Carolyn Sampson, Jessie Frust, 以及Neal Rzepkowski.

謝謝許多很棒的，曾與我共事合作的人生教練、諮詢師和顧問，包括了Michael Freedman, Tom Cratsley, Mariana Cooper, Kathy Atkinson, Kate Beeders, 尤其是Jason Borton 跟我分享他的視覺板想法。

特別感謝我在 Tivoli Lodge 的友人：Diana & Bob Lazier 和 Mark Asoian. 謝謝你們給了我一個很棒的地方讓我夏天可以寫作，冬天在壯觀的科羅拉多州 Vail Slopes 滑雪時有個溫暖地方可待。

說到 Vail 這個地方，謝謝 Unity of the Mountains 的工作人員，還有 Unity 每個給我機會演說的教堂，我感到非常榮幸。

謝謝我的靈魂家人：Anna & Charles Salvaggio, Ron Klingler, Rudy Staurbringer, Earl Taylor, Chris Cary, Pat Davidson, Flo Bolton, Flo Becker, Tony, Raphael, Jude，當然，還有存在於一切的神聖意識。

最後，我要對你們致上深深的謝意，所有曾經分享你的美好能量與支持，帶給我生命珍貴價值的每一個人。我希望你們知道，你們的愛的連結對我的意義難以言說。我希望我們都能彼此關懷，一起在這個世界擴展愛、慈悲和真相的意識。

願喜樂和祝福與你同在。

宇宙花園 14

顯化之書：瞭解吸引力法則的謊言與真相

TRUTH, TRIUMPH, and TRANSFORMATION:
sorting out the fact from the fiction in universal law

作者：Sandra Anne Taylor

譯者：張志華・詹采妮

譯稿整編：張志華

內頁版型：黃雅藍

出版者：宇宙花園有限公司

e-mail：service@cosmicgarden.com.tw

網址：www.cosmicgarden.com.tw

通訊地址：北市安和路 1 段 11 號 4 樓

總經銷：聯合發行股份有限公司

印刷：鴻霖印刷傳媒股份有限公司

二版一刷：2021 年 3 月　定價：NT$420 元

ISBN：978-986-97340-6-6

國家圖書館出版品預行編目資料

顯化之書：瞭解吸引力法則的謊言與真相／珊卓・安・泰勒（Sandra Anne Taylor）作；
張志華，詹采妮 譯.　二版. -- 臺北市：宇宙花園有限公司, 2021.02
面；　公分. --（宇宙花園；14）
譯自：Truth, triumph and transformation : sorting out the fact form the fiction in universal law
ISBN 978-986-97340-6-6（平裝）
1. 超心理學 2. 吸引力
175.9　　110001977

宇宙花園
宇宙奧秘
系列
催眠先驅
朵洛莉絲·侃南(1931-2014)
生死之間
THE CUSTODIANS
監護人
THE CUSTODIANS
監護人
地球守護者
KEEPERS OF THE GARDEN
三波志願者與新地球
迴旋宇宙
給充滿好奇的靈魂 這一切都為了喚醒意識
迴旋宇宙1
迴旋宇宙2
生死之間／監護人《上》、《下》／地球守護者
三波志願者與新地球／迴旋宇宙系列